# सम्पूर्ण व्रत कथा

कथा का भंडार

विवेक कुमार पांडे शंभुनाथ

ISBN 979-888555848-8

Disclaimer : During Writing This Book No character & No religious , No Relation Members Are Harmed. It's Only For Study & Entertainment Purpose. Do Not Take Seriously. Short Biopic Written In This Book Written By Mr Vivek Kumar Pandey.

# क्रम-सूची

# क्रम-सूची

# प्रस्तावना

इस किताब में सम्पूर्ण व्रत कथा है ,यह किताब में 35+ से ज्यादा भगवान व्रत कथाये है .इस किताब को लिखने के दौरान कोई भी धर्म और कोई भी व्यक्ति को नुक्सान नहीं पहुंचाया गया है ओर इस किताब को लिखा है श्री विवेक कुमार पांडे शंभुनाथ जी ने.। उन्होंने 12 साल की उम्र में 250+ से ज्यादा किताबें लिखकर इतिहास रच दिया. उनको Youngest Writer Award से भी सम्मानित किया गया.

# भूमिका

**Author biography in English :**MY NAME IS VIVEK KUMAR PANDEY . I WAS BORN IN 30 SEP 2002,I AM FROM SURAT GUJARAT INDIA.MY DREAM WAS TO BE GOOD WRITERS ,MY FAMILY SUPPORTED ME TO SUCCESSFUL AND I CAN DO IT MY SELF.How do I write? That is a question, I believe, that can be honestly answered by me."CELEBRATING YOUNGEST WRITER AWARD WINNER IN GUJARAT 1ST RANK" MR PANDEY JI . I may think I did a good job writing something . The reader is the one who decides the quality of my writing. I do find writing to be natural to me and therefore find it to be a real challenge. My trick as a challenged writer is to do the best I can and know that I am happy with the final outcome. It may take a while to do my best and there may be quite a few problems I run into along the way.

I am not a greedy person those who are thinking about me and my self I never tried it anyone people suffering from sadness ,I trying to get promoted people suffering from happiness and joy in your Life Time. Now in current situation in India and also world people are unemployed and have no many but our indian governor help to people to get free food from ration card , i also take part in leadership team ,i am Motivational speaker , Film script writer. There was my two dream firstly writer and secondly actor & also my own film is upcoming soon i done almost completely completed script for my film .I AM GOING TO SAY WORD OF HEART TOUCH OUT PLEASE READ IT" , firstly i thanks my father he supports me in this field they always getting inspired me by own his words and behavior ,they always said that he was a biggest person in the world in future and also they purchase fruit and chocolate for me in anytime & anyway , firstly my father buy him then call me Vivek you want a chocolate i will say yes papa but how many tell me ,papa: you tell me how much i buy him i told 1 or 2 chocolate but my father purchase whole the boxes of chocolate and they get suprised me. MY FATHER WAS BORN IN " 20 SEPTEMBER" 1971 IN INDIA.

1) MY FATHER FAVORITE CLOTHES IS KURTA PAIJMA AND ALSO STYLES SHOE

2) FAVORITE SINGER IS KISHORE DA

3) FAVORITE STATE GUJARAT AND KOLKATA , HIS VILLAGE IN BIHAR

4) FAVORITE COLOR BLACK AND WHITE

THEY ALSO LOVE cricket like IPL and one day t-20 .they also like watching a News daily and heard the song daily ,they also interested in tik tok video but in current time tik tok is banned in india but also few videos are in you tube. In lockdown time my family and me very enjoy day daily. my father play daily ludo with his sister and son, daughter.they always loved tea and coffee anytime call me "। विवेक थोड़ा चाय बनाओना विवेक तुम्हारे हाथ का चाय अच्छा लगता है". I make it tea for my father but some reason after the April to june they are suffering from fever and cough , weakness on 6 June 2020 my father death. they not told me say bye bye his life. After death of 6 June on 10 june my mom and dad anniversary.but my father is Best in the world they can do anything for me please take care of father and respect it of your parents.

# 1
# सोमवार व्रतकथा

- सोमवार व्रतकथा

पहले समय में किसी नगर में एक धनी व्यापारी रहता था. दूर-दूर तक उसका व्यापार फैला हुआ था. नगर के सभी लोग उस व्यापारी का सम्मान करते थे. इतना सब कुछ से संपन्न होने के बाद भी वह व्यापारी बहुत दुखी था, क्योंकि उसका कोई पुत्र नहीं था. जिस कारण अपने मृत्यु के पश्चात् व्यापार के उत्तराधिकारी की चिंता उसे हमेशा सताती रहती थी.

पुत्र प्राप्ति की इच्छा से व्यापारी प्रत्येक सोमवार भगवान् शिव की व्रत-पूजा कि या करता था और शाम के समय शिव मंदिर में जाकर शिवजी के सामने घी का दीपक जलाया करता था. उसकी भक्ति देखकर मां पार्वती प्रसन्न हो गईं और भगवान शिव से उस व्यापारी की मनोकामना पूर्ण करने का निवेदन किया. भगवान शिव बोले- इस संसार में सबको उसके कर्म के अनुसार फल की प्राप्ति होती है. जो प्राणी जैसा कर्म करते हैं, उन्हें वैसा ही फल प्राप्त होता है.

शिवजी द्वारा समझाने के बावजूद मां पार्वती नहीं मानी और उस व्यापारी की मनोकामना पूर्ति हेतु वे शिवजी से बार-बार अनुरोध करती रही. अंततः माता के आग्रह को देखकर भगवान भोलेनाथ को उस व्यापारी को पुत्र प्राप्ति का वरदान देना पड़ा. वरदान देने के पश्चात् भोलेनाथ मां पार्वती से बोले- आपके आग्रह पर मैंने पुत्र प्राप्ति का वरदान तो दे दिया परन्तु इसका यह पुत्र 16 वर्ष से अधिक समय तक जीवित नहीं रहेगा. उसी रात भगवान शिव उस व्यापारी के स्वप्न में आए और उसे पुत्र प्राप्ति का वरदान दिया और उसके पुत्र के 16 वर्ष तक जीवित रहने की भी बात बताई.

भगवान के वरदान से व्यापारी को ख़ुशी तो हुई, लेकिन पुत्र की अल्पायु की चिंता ने उस ख़ुशी को नष्ट कर दिया. व्यापारी पहले की तरह सोमवार के दिन भगवान शिव का विधिवत व्रत करता रहा. कुछ महीनों के बाद उसके घर अति सुन्दर बालक जन्म लिया, घर

में खुशियां भर गईं. बहुत धूमधाम से पुत्र जन्म का समारोह मनाया गया परन्तु व्यापारी को पुत्र-जन्म की अधिक ख़ुशी नहीं हुई क्योंकि उसे पुत्र की अल्प आयु के रहस्य का पता था. जब पुत्र 12 वर्ष का हुआ तो व्यापारी ने उसे उसके मामा के साथ पढ़ने के लिए वाराणसी भेज दिया. लड़का अपने मामा के साथ शिक्षा प्राप्ति हेतु चल दिया. रास्ते में जहां भी मामा-भांजा विश्राम हेतु रुकते, वहीं यज्ञ करते और ब्राह्मणों को भोजन कराते.

लम्बी यात्रा के बाद मामा और भांजा एक नगर में पहुंचे. उस दिन नगर के राजा की कन्या का विवाह था, जिस कारण पूरे नगर को सजाया गया था. निश्चित समय पर बारात आ गई लेकिन वर का पिता अपने बेटे के एक आंख से काने होने के कारण बहुत चिंतित था. उसे भय था कि इस बात का पता चलने पर कहीं राजा विवाह से इनकार न कर दे. इससे उसकी बदनामी भी होगी. जब वर के पिता ने व्यापारी के पुत्र को देखा तो उसके मस्तिष्क में एक विचार आया. उसने सोचा क्यों न इस लड़के को दूल्हा बनाकर राजकुमारी से विवाह करा दूं. विवाह के बाद इसको धन देकर विदा कर दूंगा और राजकुमारी को अपने नगर ले जाऊंगा.

वर के पिता ने लड़के के मामा से इस सम्बन्ध में बात की. मामा ने धन मिलने के लालच में वर के पिता की बात स्वीकार कर ली. लड़के को दूल्हे का वस्त्र पहनाकर राजकुमारी से विवाह कर दिया गया. राजा ने बहुत सारा धन देकर राजकुमारी को विदा किया. शादी के बाद लड़का जब राजकुमारी से साथ लौट रहा था तो वह सच नहीं छिपा सका और उसने राजकुमारी के ओढ़नी पर लिख दिया- राजकुमारी, तुम्हारा विवाह मेरे साथ हुआ था, मैं तो वाराणसी पढ़ने के लिए जा रहा हूं और अब तुम्हें जिस नवयुवक की पत्नी बनना पड़ेगा, वह काना है.

जब राजकुमारी ने अपनी ओढ़नी पर लिखा हुआ पढ़ा तो उसने काने लड़के के साथ जाने से इनकार कर दिया. राजा सब बातें जानकार राजकुमारी को महल में रख लिया. उधर लड़का अपने मामा के साथ वाराणसी पहुंच गया और गुरुकुल में पढ़ना शुरू कर दिया. जब उसकी आयु 16 वर्ष की हुई तो उसने यज्ञ किया. यज्ञ के समाप्ति पर ब्राह्मणों को भोजन कराया और खूब अन्न, वस्त्र दान किए. रात को वह अपने शयनकक्ष में सो गया. शिव के वरदान के अनुसार शयनावस्था में ही उसके प्राण-पखेरू उड़ गए. सूर्योदय पर मामा मृत भांजे को देखकर रोने-पीटने लगा. आसपास के लोग भी एकत्र होकर दुःख प्रकट करने लगे.

लड़के के मामा के रोने, विलाप करने के स्वर समीप से गुजरते हुए भगवान शिव और माता पार्वती भी सुने. पार्वती ने भगवान से कहा- प्राणनाथ, मुझे इसके रोने के स्वर सहन नहीं हो रहे. आप इस व्यक्ति के कष्ट को अवश्य दूर करें. भगवान शिव ने पार्वती के साथ अदृश्य रूप में समीप जाकर देखा तो भोलेनाथ पार्वती से बोले- यह तो उसी व्यापारी का पुत्र है, जिसे मैंने 16 वर्ष की आयु का वरदान दिया था. इसकी आयु पूरी हो गई है. मां पार्वती ने फिर भगवान शिव से निवेदन कर उस बालक को जीवन देने का आग्रह किया. माता पार्वती के आग्रह पर भगवान शिव ने उस लड़के को जीवित होने का वरदान दिया और कुछ ही पल में वह जीवित होकर उठ बैठा.

शिक्षा समाप्त करके लड़का मामा के साथ अपने नगर की ओर चल दिया. दोनों चलते हुए उसी नगर में पहुंचे, जहां उसका विवाह हुआ था. उस नगर में भी यज्ञ का आयोजन किया. समीप से गुजरते हुए नगर के राजा ने यज्ञ का आयोजन देखा और उसने तुरंत ही लड़के और उसके मामा को पहचान लिया. यज्ञ के समाप्त होने पर राजा मामा और लड़के को महल में ले गया और कुछ दिन उन्हें महल में रखकर बहुत-सा-धन, वस्त्र आदि देकर राजकुमारी के साथ विदा कर दिया.

इधर भूखे-प्यासे रहकर व्यापारी और उसकी पत्नी बेटे की प्रतीक्षा कर रहे थे. उन्होंने प्रतिज्ञा कर रखी थी कि यदि उन्हें अपने बेटे की मृत्यु का समाचार मिला तो दोनों अपने प्राण त्याग देंगे परन्तु जैसे ही उसने बेटे के जीवित वापस लौटने का समाचार सुना तो वह बहुत प्रसन्न हुआ. वह अपने पत्नी और मित्रो के साथ नगर के द्वार पर पहुंचा. अपने बेटे के विवाह का समाचार सुनकर, पुत्रवधू राजकुमारी को देखकर उसकी खुशी का ठिकाना न रहा. उसी रात भगवान शिव ने व्यापारी के स्वप्न में आकर कहा- हे श्रेष्ठी, मैंने तेरे सोमवार के व्रत करने और व्रतकथा सुनने से प्रसन्न होकर तेरे पुत्र को लम्बी आयु प्रदान की है. पुत्र की लम्बी आयु जानकार व्यापारी बहुत प्रसन्न हुआ.

सोमवार का व्रत करने से व्यापारी के घर में खुशियां लौट आईं. शास्त्रों में लिखा है कि जो स्त्री-पुरुष सोमवार का विधिवत व्रत करते और व्रतकथा सुनते हैं उनकी सभी इच्छाएं पूरी होती हैं.

**********

आरती

ॐ जय शिव ॐकारा, स्वामी हर शिव ॐकारा .

ब्रह्मा विष्णु सदाशिव अर्धांगी धारा ..

जय शिव ॐकारा ..

एकानन चतुरानन पंचानन राजे

स्वामी पंचानन राजे .

हंसासन गरुड़ासन वृष वाहन साजे ..

जय शिव ॐकारा ..

दो भुज चारु चतुर्भुज दस भुज से सोहे

स्वामी दस भुज से सोहे .

तीनों रूप निरखते त्रिभुवन जन मोहे ..

जय शिव ॐकारा ..

अक्षमाला वनमाला मुण्डमाला धारी

स्वामि मुण्डमाला धारी .

चंदन मृग मद सोहे भाले शशि धारी ..

जय शिव ॐकारा ..

श्वेताम्बर पीताम्बर बाघाम्बर अंगे
स्वामी बाघाम्बर अंगे .
सनकादिक ब्रह्मादिक भूतादिक संगे ..
जय शिव ॐकारा ..
कर में श्रेष्ठ कमण्डलु चक्र त्रिशूल धरता
स्वामी चक्र त्रिशूल धरता .
जगकर्ता जगहर्ता जग पालन कर्ता ..
जय शिव ॐकारा ..
ब्रह्मा विष्णु सदाशिव जानत अविवेका
स्वामि जानत अविवेका .
प्रणवाक्षर में शोभित यह तीनों एका .
जय शिव ॐकारा ..
निर्गुण शिव की आरती जो कोई नर गावे
स्वामि जो कोई नर गावे .
कहत शिवानंद स्वामी मन वाँछित फल पावे .
जय शिव ॐकारा ..

# 2
# मंगलवार व्रत

- मंगलवार व्रत

मंगल के अशुभ प्रभाव को कम करने के लिए और मंगल को बलि बनाने के लिए मंगलवार का व्रत करना बहोत फलदायक है.

इस व्रत को करने से ऋण का निवारण एवं आर्थिक समस्या का समाधान होता है. यह व्रत संतति सौख्य प्रदायक एवं आत्मशक्ति तत्व का सूचक भी है. इस व्रत को निम्न तरीके से पूर्ण श्रद्धा के साथ करे.

*********

मंगलवार व्रत विधि

- मंगलवार का व्रत किसी भी माह के शुक्ल पक्ष के प्रथम मंगलवार से प्रारंभ करे और २१ या ४५ मंगलवार तक करे.

- मंगलवार के दिन प्रातः स्नान आदि करके हनुमानजी के मंदिर में जाकर दर्शन और तेल का दीपक करे. तथा लाल पुष्प की माला और श्रीफल अर्पण करे. एवं "ॐ क्रां क्रीं क्रौं सः भौमाय नमः" इस बिज मंत्र का यथाशक्ति जाप करे.

- भोजन में गेहू के आटे, गुड और घी से हलवा बनाये. भोजन से पूर्व हलवा का कुछ भाग बैल-पशु को देकर भोजन करे. भोजन में प्रथम ७ ग्रास हलवा ग्रहण करे फिर अन्य पदार्थ ग्रहण करे. भोजन में नमक का प्रयोग न करे.

- अंतिम मंगलवार को हवन क्रिया के पश्चात बालक-विद्यार्थी को मोदक लड्डू या हलवा सहित भोजन कराकर दक्षिणा स्वरूप लाल वस्त्र, ताम्रपत्र, गुड,नारियल आदि प्रदान करे.

* व्रत कब नष्ट नहीं होता है : व्रत के दिन जल, सभी प्रकार के फल, दूध एवं दूध से बने पदार्थ या औषध सेवन करने से व्रत नष्ट नहीं होता है.

* व्रत कब नष्ट होता है : व्रत के दिन एक बार भी पान खाने से, दिन के समय सोने से, स्त्री रति प्रसंग आदि से व्रत नष्ट होता है.

# 3

# बुद्धवार व्रत कथा

- बुद्धवार व्रत कथा

एक समय किसी नगर में एक बहुत ही धनवान साहूकार रहता था. साहूकार का विवाह नगर की सुन्दर और गुणवंती लड़की से हुआ था. एक बार वो अपनी पत्नी को लेने बुधवार के दिन ससुराल गया और पत्नी के माता-पिता से विदा कराने के लिए कहा. माता-पिता बोले- बेटा आज बुधवार है. बुधवार को किसी भी शुभ कार्य के लिए यात्रा नहीं करते. लेकिन वह नहीं माना और उसने वहम की बातों को न मानने की बात कही.

दोनों ने बैलगाड़ी से यात्रा प्रारंभ की. दो कोस की यात्रा के बाद उसकी गाड़ी का एक पहिया टूट गया. वहां से दोनों ने पैदल ही यात्रा शुरू की. रास्ते में पत्नी को प्यास लगी तो साहूकार उसे एक पेड़ के नीचे बैठाकर जल लेने के लिए चला गया. थोड़ी देर बाद जब वो कहीं से जल लेकर वापस आया तो वह बुरी तरह हैरान हो उठा, क्योंकि उसकी पत्नी के पास उसकी ही शक्ल-सूरत का एक दूसरा व्यक्ति बैठा था. पत्नी भी साहूकार को देखकर हैरान रह गई. वह दोनों में कोई अंतर नहीं कर पाई. साहूकार ने उस व्यक्ति से पूछा- तुम कौन हो और मेरी पत्नी के पास क्यों बैठे हो. साहूकार की बात सुनकर उस व्यक्ति ने कहा- अरे भाई, यह मेरी पत्नी है. मैं अपनी पत्नी को ससुराल से विदा करा कर लाया हूं, लेकिन तुम कौन हो जो मुझसे ऐसा प्रश्न कर रहे हो?

साहूकार ने लगभग चीखते हुए कहा- तुम जरुर कोई चोर या ठग हो. यह मेरी पत्नी है. मैं इसे पेड़ के नीचे बैठाकर जल लेने गया था. इस पर उस व्यक्ति ने कहा- अरे भाई, झूठ तो तुम बोल रहे हो. पत्नी को प्यास लगने पर जल लेने तो मैं गया था. मैं तो जल लाकर अपनी पत्नी को पिला भी दिया है. अब तुम चुपचाप यहां से चलते बनो नहीं तो किसी सिपाही को बुलाकर तुम्हें पकड़वा दूंगा.

दोनों एक-दूसरे से लड़ने लगे. उन्हें लड़ते देख बहुत से लोग वहां एकत्र हो गए. नगर के कुछ सिपाही भी वहां आ गए. सिपाही उन दोनों को पकड़कर राजा के पास ले गए.

सारी कहानी सुनकर राजा भी कोई निर्णय नहीं कर पाया. पत्नी भी उन दोनों में से अपने वास्तविक पति को नहीं पहचान पा रही थी. राजा ने उन दोनों को कारागार में डाल देने को कहा. राजा के फैसले को सुनकर असली साहुकार भयभीत हो उठा. तभी आकाशवाणी हुई-साहुकार तूने माता-पिता की बात नहीं मानी और बुधवार के दिन अपनी ससुराल से प्रस्थान किया. यह सब भगवान बुधदेव के प्रकोप से हो रहा है.

साहुकार ने भगवान बुधदेव से प्रार्थना की कि हे भगवान बुधदेव मुझे क्षमा कर दीजिए. मुझसे बहुत बड़ी गलती हुई. भविष्य में अब कभी बुधवार के दिन यात्रा नहीं करूंगा और सदैव बुधवार को आपका व्रत किया करूंगा. साहुकार की प्रार्थना से प्रसन्न होकर भगवान बुधदेव ने उसे क्षमा कर दिया. तभी दूसरा व्यक्ति राजा के सामने से गायब हो गया. राजा और दूसरे लोग इस चमत्कार को देखकर हैरान हो गए. भगवान बुधदेव् की अनुकम्पा से राजा ने साहुकार और उसकी पत्नी को सम्मानपूर्वक विदा किया.

कुछ दूर चलने पर रास्ते में उन्हें बैलगाड़ी मिल गई. बैलगाड़ी का टूटा हुआ पहिया भी जुड़ा हुआ था. दोनों उसमें बैठकर नगर की ओर चल दिए. साहुकार और उसकी पत्नी दोनों बुधवार का व्रत करते हुए आनंदपूर्वक जीवन-यापन करने लगे. भगवान बुधदेव की अनुकम्पा से उनके घर में धन-संपत्ति की वर्षा होने लगी. जल्द ही उनके जीवन में खुशियां ही खुशियां भर गईं. बुधवार का व्रत करने से स्त्री-पुरुष के जीवन में सभी मंगलकामनाएं पूरी होती है.

# 4

# गुरूवार का व्रत कथा

* गुरूवार का व्रत कथा

प्राचीन समय की बात है. किसी राज्य में एक बड़ा प्रतापी तथा दानी राजा राज्य करता था. वह प्रत्येक गुरूवार को व्रत रखता एवं भूखे और गरीबों को दान देकर पुण्य प्राप्त करता था परन्तु यह बात उसकी रानी को अच्छा नहीं लगता था. वह न तो व्रत करती थी और न ही किसी को एक भी पैसा दान में देती थी और राजा को भी ऐसा करने से मना करती थी.

एक समय की बात है, राजा शिकार खेलने को वन को चले गए थे. घर पर रानी और दासी थी. उसी समय गुरु वृहस्पतिदेव साधु का रूप धारण कर राजा के दरवाजे पर भिक्षा मांगने को आए. साधु ने जब रानी से भिक्षा मांगी तो वह कहने लगी, हे साधु महाराज, मैं इस दान और पुण्य से तंग आ गई हूं. आप कोई ऐसा उपाय बताएं, जिससे कि सारा धन नष्ट हो जाए और मैं आराम से रह सकूं.

वृहस्पतिदेव ने कहा, हे देवी, तुम बड़ी विचित्र हो, संतान और धन से कोई दुखी होता है. अगर अधिक धन है तो इसे शुभ कार्यों में लगाओ, कुवांरी कन्याओं का विवाह कराओ, विद्यालय और बाग़-बगीचे का निर्माण कराओ, जिससे तुम्हारे दोनों लोक सुधरें, परन्तु साधु की इन बातों से रानी को ख़ुशी नहीं हुई. उसने कहा- मुझे ऐसे धन की आवश्यकता नहीं है, जिसे मैं दान दूं और जिसे संभालने में मेरा सारा समय नष्ट हो जाए.

तब साधु ने कहा- यदि तुम्हारी ऐसी इच्छा है तो मैं जैसा तुम्हें बताता हूं तुम वैसा ही करना. वृहस्पतिवार के दिन तुम घर को गोबर से लीपना, अपने केशों को पीली मिटटी से धोना, केशों को धोते समय स्नान करना, राजा से हजामत बनाने को कहना, भोजन में मांस मदिरा खाना, कपड़ा धोबी के यहां धुलने डालना. इस प्रकार सात वृहस्पतिवार करने से तुम्हारा समस्त धन नष्ट हो जाएगा. इतना कहकर साधु रुपी वृहस्पतिदेव अंतध्र्यान हो गए.

साधु के कहे अनुसार करते हुए रानी को केवल तीन वृहस्पतिवार ही बीते थे कि उसकी समस्त धन-संपत्ति नष्ट हो गई. भोजन के लिए राजा का परिवार तरसने लगा. तब एक दिन राजा रानी से बोला- हे रानी, तुम यहीं रहो, मैं दूसरे देश को जाता हूं, क्योंकि यहां पर सभी लोग मुझे जानते हैं.

इसलिए मैं कोई छोटा कार्य नहीं कर सकता. ऐसा कहकर राजा परदेश चला गया. वहां वह जंगल से लकड़ी काटकर लाता और शहर में बेचता. इस तरह वह अपना जीवन व्यतीत करने लगा. इधर, राजा के परदेश जाते ही रानी और दासी दुखी रहने लगी.

एक बार जब रानी और दासी को सात दिन तक बिना भोजन के रहना पड़ा, तो रानी ने अपनी दासी से कहा- हे दासी, पास ही के नगर में मेरी बहन रहती है. वह बड़ी धनवान है. तू उसके पास जा और कुछ ले आ ताकि थोड़ा-बहुत गुजर-बसर हो जाए. दासी रानी के बहन के पास गई.

उस दिन वृहस्पतिवार था और रानी की बहन उस समय वृहस्पतिवार व्रत की कथा सुन रही थी. दासी ने रानी की बहन को अपनी रानी का सन्देश दिया, लेकिन रानी की बड़ी बहन ने कोई उत्तर नहीं दिया.

जब दासी को रानी की बहन से कोई उत्तर नहीं मिला तो वह बहुत दुखी हुई और उसे क्रोध भी आया. दासी ने वापस आकर रानी को सारी बात बता दी. सुनकर रानी ने अपने भाग्य को कोसा. उधर, रानी की बहन ने सोचा कि मेरी बहन की दासी आई थी, परन्तु मैं उससे नहीं बोली, इससे वह बहुत दुखी हुई होगी.

कथा सुनकर और पूजन समाप्त कर वह अपनी बहन के घर आई और कहने लगी- हे बहन, मैं वृहस्पतिवार का व्रत कर रही थी. तुम्हारी दासी मेरे घर आई थी परन्तु जब तक कथा होती है, तब तक न तो उठते हैं और न ही बोलते हैं, इसलिए मैं नहीं बोली. कहो दासी क्यों गई थी.

रानी बोली- बहन, तुमसे क्या छिपाऊं, हमारे घर में खाने तक को अनाज नहीं था. ऐसा कहते-कहते रानी की आंखे भर आई. उसने दासी समेत पिछले सात दिनों से भूखे रहने तक की बात अपनी बहन को विस्तारपूर्वक सूना दी.

रानी की बहन बोली- देखो बहन, भगवान वृहस्पतिदेव सबकी मनोकामना को पूर्ण करते हैं. देखो, शायद तुम्हारे घर में अनाज रखा हो. पहले तो रानी को विश्वास नहीं हुआ पर बहन के आग्रह करने पर उसने अपनी दासी को अन्दर भेजा तो उसे सचमुच अनाज से भरा एक घड़ा मिल गया.

यह देखकर दासी को बड़ी हैरानी हुई. दासी रानी से कहने लगी- हे रानी, जब हमको भोजन नहीं मिलता तो हम व्रत ही तो करते हैं, इसलिए क्यों न इनसे व्रत और कथा की विधि पूछ ली जाए, ताकि हम भी व्रत कर सके. तब रानी ने अपनी बहन से वृहस्पतिवार व्रत के बारे में पूछा.

उसकी बहन ने बताया, वृहस्पतिवार के व्रत में चने की दाल और मुनक्का से विष्णु भगवान का केले की जड़ में पूजन करें तथा दीपक जलाएं, व्रत कथा सुनें और पीला भोजन ही करें. इससे वृहस्पतिदेव प्रसन्न होते हैं. व्रत और पूजन विधि बतलाकर रानी की बहन अपने घर को लौट गई.

सातवें रोज बाद जब गुरूवार आया तो रानी और दासी ने निश्चयनुसार व्रत रखा. घुड़साल में जाकर चना और गुड़ बीन लाई और फिर उसकी दाल से केले की जड़ तथा विष्णु भगवान का पूजन किया. अब पीला भोजन कहां से आए इस बात को लेकर दोनों बहुत दुखी थे.

चूंकि उन्होंने व्रत रखा था इसलिए गुरुदेव उनपर प्रसन्न थे. इसलिए वे एक साधारण व्यक्ति का रूप धारण कर दो थालों में सुन्दर पीला भोजन दासी को दे गए. भोजन पाकर दासी प्रसन्न हुई और फिर रानी के साथ मिलकर भोजन ग्रहण किया.

उसके बाद वे सभी गुरूवार को व्रत और पूजन करने लगी. वृहस्पति भगवान की कृपा से उनके पास फिर से धन-संपत्ति हो गया, परन्तु रानी फिर से पहले की तरह आलस्य करने लगी.

तब दासी बोली- देखो रानी, तुम पहले भी इस प्रकार आलस्य करती थी, तुम्हें धन रखने में कष्ट होता था, इस कारण सभी धन नष्ट हो गया और अब जब भगवान गुरुदेव की कृपा से धन मिला है तो तुम्हें फिर से आलस्य होता है.

बड़ी मुसीबतों के बाद हमने यह धन पाया है, इसलिए हमें दान-पुण्य करना चाहिए, भूखे मनुष्यों को भोजन कराना चाहिए, और धन को शुभ कार्यों में खर्च करना चाहिए, जिससे तुम्हारे कुल का यश बढ़ेगा, स्वर्ग की प्राप्ति हो और पितर प्रसन्न हो. दासी की बात मानकर रानी अपना धन शुभ कार्यों में खर्च करने लगी, जिससे पूरे नगर में उसका यश फैलने लगा.

# 5
# शुक्रवार व्रत कथा

- शुक्रवार व्रत कथा

शुक्रवार का व्रत भगवान शुक्र के साथ साथ संतोषी माता तथा वैभव लक्ष्मी देवी का भी पूजन किया जाता है. तीनों व्रतों को करने की विधि अलग- अलग है

- शुक्रवार व्रत विधि

शुक्रवार का व्रत धन, विवाह, संतान, भौतिक सुखों की प्राप्ति के लिये किया जाता है. इस व्रत को किसी भी मास के शुक्ल पक्ष के प्रथम शुक्रवार के दिन से आरम्भ किया जाता है.

- शुक्रवार व्रत विधि (संतोषी माता)

इस दिन सूर्योदय से पूर्व उठें, ओर घर कि सफाई करने के बाद पूरे घर में गंगा जल छिडक कर शुद्ध कर लें. इसके पश्चात स्नान आदि से निवृत होकर, घर के ईशान कोण दिशा में एक एकान्त स्थान पर माता संतोषी की मूर्ति या चित्र स्थापित करें, पूर्ण पूजन सामग्री तथा किसी बड़े पात्र में शुद्ध जल भरकर रखें. जल भरे पात्र पर गुड़ और चने से भरकर दूसरा पात्र रखें, संतोषी माता की विधि-विधान से पूजा करें.

इसके पश्चात संतोषी माता की कथा सुनें. तत्पश्चात आरती कर सभी को गुड़-चने का प्रसाद बाँटें. अंत में बड़े पात्र में भरे जल को घर में जगह-जगह छिडक दें तथा शेष जल को तुलसी के पौधे में डाल दें. इसी प्रकार 16 शुक्रवार का नियमित उपवास रखें. अंतिम शुक्रवार को व्रत का विसर्जन करें. विसर्जन के दिन उपरोक्त विधि से संतोषी माता की पूजा कर 8 बालकों को खीर-पुरी का भोजन कराएँ तथा दक्षिणा व केले का प्रसाद देकर उन्हें विदा करें. अंत में स्वयं भोजन ग्रहण करें.

-----------------

- **संतोषी माता के व्रत के दिन क्या न करें?**

इस दिन व्रत करने वाले स्त्री-पुरुष खट्टी चीज का न ही स्पर्श करें और न ही खाएँ।. गुड़ और चने का प्रसाद स्वयं भी अवश्य खाना चाहिए. भोजन में कोई खट्टी चीज, अचार और खट्टा फल नहीं खाना चाहिए. व्रत करने वाले के परिवार के लोग भी उस दिन कोई खट्टी चीज नहीं खाएँ.

-----------------

- **शुक्रवार व्रतकथा |**

एक बुढ़िया थी. उसका एक ही पुत्र था. बुढ़िया पुत्र के विवाह के बाद बहू से घर के सारे काम करवाती, परंतु उसे ठीक से खाना नहीं देती थी. यह सब लड़का देखता पर माँ से कुछ भी नहीं कह पाता. बहू दिनभर काम में लगी रहती- उपले थापती, रोटी-रसोई करती, बर्तन साफ करती, कपड़े धोती और इसी में उसका सारा समय बीत जाता.

काफी सोच-विचारकर एक दिन लड़का माँ से बोला- 'माँ, मैं परदेस जा रहा हूँ.' माँ को बेटे की बात पसंद आ गई तथा उसे जाने की आज्ञा दे दी. इसके बाद वह अपनी पत्नी के पास जाकर बोला- 'मैं परदेस जा रहा हूँ. अपनी कुछ निशानी दे दे.' बहू बोली- 'मेरे पास तो निशानी देने योग्य कुछ भी नहीं है. यह कहकर वह पति के चरणों में गिरकर रोने लगी. इससे पति के जूतों पर गोबर से सने हाथों से छाप बन गई.

पुत्र के जाने बाद सास के अत्याचार बढ़ते गए. एक दिन बहू दु:खी हो मंदिर चली गई. वहाँ उसने देखा कि बहुत-सी स्त्रियाँ पूजा कर रही थीं. उसने स्त्रियों से व्रत के बारे में जानकारी ली तो वे बोलीं कि हम संतोषी माता का व्रत कर रही हैं. इससे सभी प्रकार के कष्टों का नाश होता है.

स्त्रियों ने बताया- शुक्रवार को नहा-धोकर एक लोटे में शुद्ध जल ले गुड़-चने का प्रसाद लेना तथा सच्चे मन से माँ का पूजन करना चाहिए. खटाई भूल कर भी मत खाना और न ही किसी को देना. एक वक्त भोजन करना.

व्रत विधान सुनकर अब वह प्रति शुक्रवार को संयम से व्रत करने लगी. माता की कृपा से कुछ दिनों के बाद पति का पत्र आया. कुछ दिनों बाद पैसा भी आ गया। उसने प्रसन्न मन से फिर व्रत किया तथा मंदिर में जा अन्य स्त्रियों से बोली- 'संतोषी माँ की कृपा से हमें पति का पत्र तथा रुपया आया है.' अन्य सभी स्त्रियाँ भी श्रद्धा से व्रत करने लगीं. बहू ने कहा- 'हे माँ! जब मेरा पति घर आ जाएगा तो मैं तुम्हारे व्रत का उद्यापन करूँगी.'

अब एक रात संतोषी माँ ने उसके पति को स्वप्न दिया और कहा कि तुम अपने घर क्यों नहीं जाते? तो वह कहने लगा- सेठ का सारा सामान अभी बिका नहीं. रुपया भी अभी

नहीं आया है. उसने सेठ को स्वप्न की सारी बात कही तथा घर जाने की इजाजत माँगी. पर सेठ ने इनकार कर दिया. माँ की कृपा से कई व्यापारी आए, सोना-चाँदी तथा अन्य सामान खरीदकर ले गए. कर्ज़दार भी रुपया लौटा गए. अब तो साहूकार ने उसे घर जाने की इजाजत दे दी.

घर आकर पुत्र ने अपनी माँ व पत्नी को बहुत सारे रुपए दिए. पत्नी ने कहा कि मुझे संतोषी माता के व्रत का उद्यापन करना है. उसने सभी को न्योता दे उद्यापन की सारी तैयारी की. पड़ोस की एक स्त्री उसे सुखी देख ईर्ष्या करने लगी थी. उसने अपने बच्चों को सिखा दिया कि तुम भोजन के समय खटाई जरूर माँगना.

उद्यापन के समय खाना खाते-खाते बच्चे खटाई के लिए मचल उठे. तो बहू ने पैसा देकर उन्हें बहलाया। बच्चे दुकान से उन पैसों की इमली-खटाई खरीदकर खाने लगे. तो बहू पर माता ने कोप किया. राजा के दूत उसके पति को पकड़कर ले जाने लगे. तो किसी ने बताया कि उद्यापन में बच्चों ने पैसों की इमली खटाई खाई है तो बहू ने पुन: व्रत के उद्यापन का संकल्प किया.

संकल्प के बाद वह मंदिर से निकली तो राह में पति आता दिखाई दिया. पति बोला- इतना धन जो कमाया है, उसका टैक्स राजा ने माँगा था. अगले शुक्रवार को उसने फिर विधिवत व्रत का उद्यापन किया. इससे संतोषी माँ प्रसन्न हुईं. नौमाह बाद चाँद-सा सुंदर पुत्र हुआ. अब सास, बहू तथा बेटा माँ की कृपा से आनंद से रहने लगे.

• संतोषी माता व्रत फल |

संतोषी माता की अनुकम्पा से व्रत करने वाले स्त्री-पुरुषों की सभी मनोकामनाएँ पूरी होती हैं. परीक्षा में सफलता, न्यायालय में विजय, व्यवसाय में लाभ और घर में सुख-समृद्धि का पुण्यफल प्राप्त होता है. अविवाहित लड़कियों को सुयोग्य वर शीघ्र मिलता है.

• माता संतोषी की आरती |
•

भोग लगाओ मैया योगेश्वरी भोग लगाओ मैया भुवनेश्वरी ।
भोग लगाओ माता अन्नपूर्णेश्वरी मधुर पदार्थ मन भाए ॥
थाल सजाऊं खाजा खीर प्रेम सहित विनती करूं धर धीर ।
तुम माता करुणा गंभीर भक्त चना गुड़ प्रिय पाए ॥
शुक्रवार तेरो दिन प्यारो कथा में पधारो दुःख टारो ।
भाव मन में तेरो न्यारो मन मानै दुःख प्रगटाए ॥
तेरा तुझको दे रहे, करो कृतारथ मात ।
भोग लग मां कर कृपा, कर परिपूरन काज ॥

करो क्षमा मेरी भूल को तुम हो मां सर्वज्ञ ॥
सब बिधि अर्पित मात हूं, मैं बिल्कुल अल्पज्ञ ॥
कुछ न मांगूं आपसे दो हित को पहचान ।
मां संतोषी आप हैं दया-स्नेह की खान ॥
॥ बोलो संतोषी माता की जय ॥

# 6

# शनिवार के दिन शनि व्रत कथा

- शनिवार के दिन शनि व्रत कथा

शनि पक्षरहित होकर अगर पाप कर्म की सजा देते हैं तो उत्तम कर्म करने वाले मनुष्य को हर प्रकार की सुख सुविधा एवं वैभव भी प्रदान करते हैं। शनि देव की जो भक्ति पूर्वक व्रतोपासना करते हैं वह पाप की ओर जाने से बच जाते हैं जिससे शनि की दशा आने पर उन्हें कष्ट नहीं भोगना पड़ता।

********

- शनि व्रत कथा

नि, भगवान सूर्य तथा छाया के पुत्र हैं। इनकी दृष्टि में जो क्रूरता है, वह इनकी पत्नी के शाप के कारण है। ब्रह्मपुराण के अनुसार, बचपन से ही शनिदेव भगवान श्रीकृष्ण के भक्त थे। बड़े होने पर इनका विवाह चित्ररथ की कन्या से किया गया। इनकी पत्नि सती-साध्वी और परम तेजस्विनी थीं। एक बार पुत्र-प्राप्ति की इच्छा से वे इनके पास पहुचीं पर ये श्रीकृष्ण के ध्यान में मग्न थे। इन्हें बाह्य जगत की कोई सुधि ही नहीं थी।

पत्नि प्रतिक्षा कर थक गयीं तब क्रोधित हो उसने इन्हें शाप दे दिया कि आज से तुम जिसे देखोगे वह नष्ट हो जाएगा। ध्यान टूटने पर जब शनिदेव ने उसे मनाया और समझाया तो पत्नि को अपनी भूल पर पश्चाताप हुआ, किन्तु शाप के प्रतिकार की शक्ति उसमें ना थी। तभी से शनिदेव अपना सिर नीचा करके रहने लगे क्योंकि वे नहीं चाहते थे कि उनके द्वारा किसीका अनिष्ट हो।

शनि के अधिदेवता प्रजापति ब्रह्मा और प्रत्यधिदेवता यम हैं। इनका वर्ण इन्द्रनीलमणी के समान है। वाहन गीध तथा रथ लोहे का बना हुआ है। ये अपने हाथों में धनुष, बाण, त्रिशूल तथा वरमुद्रा धारण करते हैं। यह एक-एक राशि में तीस-तीस महीने रहते हैं। यह मकर व कुम्भ राशि के स्वामी हैं तथा इनकी महादशा 19 वर्ष की होती है। इनका सामान्य मंत्र है

"ॐ शं शनैश्चराय नम:"

इसका श्रद्धानुसार रोज एक निश्चित संख्या में जाप करना चाहिए।

शनिवार का व्रत यूं तो आप वर्ष के किसी भी शनिवार के दिन शुरू कर सकते हैं परंतु श्रावण मास में शनिवार का व्रत प्रारम्भ करना अति मंगलकारी है। इस व्रत का पालन करने वाले को शनिवार के दिन प्रात: ब्रह्म मुहूर्त में स्नान करके शनिदेव की प्रतिमा की विधि सहित पूजन करनी चाहिए। शनि भक्तों को इस दिन शनि मंदिर में जाकर शनि देव को नीले लाजवन्ती का फूल, तिल, तेल, गुड़ अर्पण करना चाहिए। शनि देव के नाम से दीपोत्सर्ग करना चाहिए।

शनिवार के दिन शनिदेव की पूजा के पश्चात उनसे अपने अपराधों एवं जाने अनजाने जो भी आपसे पाप कर्म हुआ हो उसके लिए क्षमा याचना करनी चाहिए। शनि महाराज की पूजा के पश्चात राहु और केतु की पूजा भी करनी चाहिए। इस दिन शनि भक्तों को पीपल में जल देना चाहिए और पीपल में सूत्र बांधकर सात बार परिक्रमा करनी चाहिए। शनिवार के दिन भक्तों को शनि महाराज के नाम से व्रत रखना चाहिए।

********

- शनिवार व्रत की विधि

शनिवार का व्रत यूं तो आप वर्ष के किसी भी शनिवार के दिन शुरू कर सकते हैं परंतु श्रावण मास में शनिवार का व्रत प्रारम्भ करना अति मंगलकारी है। इस व्रत का पालन करने वाले को शनिवार के दिन प्रात: ब्रह्म मुहूर्त में स्नान करके शनिदेव की प्रतिमा की विधि सहित पूजन करनी चाहिए।

शनि भक्तों को इस दिन शनि मंदिर में जाकर शनि देव को नीले लाजवन्ती का फूल, तिल, तेल, गुड़ अर्पण करना चाहिए। शनि देव के नाम से दीपोत्सर्ग करना चाहिए।

शनिवार के दिन शनिदेव की पूजा के पश्चात उनसे अपने अपराधों एवं जाने अनजाने जो भी आपसे पाप कर्म हुआ हो उसके लिए क्षमा याचना करनी चाहिए। शनि महाराज की पूजा के पश्चात राहु और केतु की पूजा भी करनी चाहिए। इस दिन शनि भक्तों को पीपल में जल देना चाहिए और पीपल में सूत्र बांधकर सात बार परिक्रमा करनी चाहिए। शनिवार के दिन भक्तों को शनि महाराज के नाम से व्रत रखना चाहिए।

शनिश्वर के भक्तों को संध्या काल में शनि मंदिर में जाकर दीप भेंट करना चाहिए और उड़द दाल में खिचड़ी बनाकर शनि महाराज को भोग लगाना चाहिए। शनि देव का आशीर्वाद लेने के पश्चात आपको प्रसाद स्वरूप खिचड़ी खाना चाहिए।

सूर्यपुत्र शनिदेव की प्रसन्नता हेतु इस दिन काले चींटियों को गुड़ एवं आटा देना चाहिए। इस दिन काले रंग का वस्त्र धारण करना चाहिए। अगर आपके पास समय की उपलब्धता हो तो शनिवार के दिन 108 तुलसी के पत्तों पर श्री राम चन्द्र जी का नाम लिखकर, पत्तों को सूत्र में पिड़ोएं और माला बनाकर श्री हरि विष्णु के गले में डालें।

जिन पर शनि का कोप चल रहा हो वह भी इस मालार्पण के प्रभाव से कोप से मुक्त हो सकते हैं। इस प्रकार भक्ति एवं श्रद्धापूर्वक शनिवार के दिन शनिदेव का व्रत एवं पूजन करने से शनि का कोप शांत होता है और शनि की दशा के समय उनके भक्तों को कष्ट की अनुभूति नहीं होती है।

शनि की अत्यन्त सूक्ष्म दृष्टि है ।

शनि अच्छे कर्मो के फलदाता भी है।

शनि बुर कर्मो का दंड भी देते है।

शनिदेव की कृपा प्राप्त करने के उपाय

जीवन के अच्छे समय में शनिदेव का गुणगान करो।

आपतकाल में शनिदेव के दर्शन करो।

मुश्किल पीड़ादायक समय में शनिदेव की पूजा करो।

दुखद प्रसंग में भी शनिदेव पर विश्वास करो।

जीवन के हर पल शनिदेव की प्रति कृतज्ञता प्रकट करो।


• आरती


जय जय श्री शनिदेव भक्तन हितकारी ।
सूरज के पुत्र प्रभु छाया महतारी ।।
जय जय श्री शनिदेव भक्तन हितकारी ।
श्याम अंक वक्र दृष्ट चतुर्भुजा धारी ।
नीलाम्बर धार नाथ गज की अस्वारी ।।
जय जय श्री शनिदेव भक्तन हितकारी ।
क्रीट मुकुट शीश रजित दिपत है लिलारी ।
मुक्तन की माला गले शोभित बलिहारी ।।
जय जय श्री शनिदेव भक्तन हितकारी ।
मोदक मिष्ठान पान चढ़त है सुपारी ।
लोहा तिल तेल उड़द महिषी अति प्यारी ।।
जय जय श्री शनिदेव भक्तन हितकारी ।
देव दनुज ऋषि मुनि सुमिरन नर नारी ।
विश्वनाथ धरत ध्यान शरण हैं तुम्हारी ।।

जय जय श्री शनिदेव भक्तन हितकारी ।

# 7

# रविवार व्रत कथा

- रविवार व्रत कथा

सभी मनोकामनाएं पूर्ण करनेवाले और जीवन में सुख-समृद्धि, धन-संपत्ति और शत्रुओं से सुरक्षा हेतु सर्वश्रेष्ठ व्रत रविवार की कथा इस प्रकार से है- प्राचीन काल में एक बुढ़िया रहती थी. वह नियमित रूप से रविवार का व्रत करती.

रविवार के दिन सूर्योदय से पहले उठकर बुढ़िया स्नानादि से निवृत होकर आंगन को गोबर से लीपकर स्वच्छ करती, उसके बाद सूर्य भगवान की पूजा करते हुए रविवार व्रत कथा सुन कर सूर्य भगवान का भोग लगाकर दिन में एक समय भोजन करती. सूर्य भगवान की अनुकम्पा से बुढ़िया को किसी प्रकार की चिन्ता व कष्ट नहीं था. धीरे-धीरे उसका घर धन-धान्य से भर रहा था.

उस बुढ़िया को सुखी होते देख उसकी पड़ोसन उससे बुरी तरह जलने लगी. बुढ़िया ने कोई गाय नहीं पाल रखी थी. अतः वह अपनी पड़ोसन के आंगन में बंधी गाय का गोबर लाती थी. पड़ोसन ने कुछ सोचकर अपनी गाय को घर के भीतर बांध दिया. रविवार को गोबर न मिलने से बुढ़िया अपना आंगन नहीं लीप सकी.

आंगन न लीप पाने के कारण उस बुढ़िया ने सूर्य भगवान को भोग नहीं लगाया और उस दिन स्वयं भी भोजन नहीं किया. सूर्यास्त होने पर बुढ़िया भूखी-प्यासी सो गई.

रात्रि में सूर्य भगवान ने उसे स्वप्न में दर्शन दिए और व्रत न करने तथा उन्हें भोग न लगाने का कारण पूछा. बुढ़िया ने बहुत ही करुण स्वर में पड़ोसन के द्वारा घर के अन्दर गाय बांधने और गोबर न मिल पाने की बात कही. सूर्य भगवान ने अपनी अनन्य भक्त बुढ़िया की परेशानी का कारण जानकर उसके सब दुःख दूर करते हुए कहा- हे माता, तुम प्रत्येक रविवार को मेरी पूजा और व्रत करती हो.

मैं तुमसे अति प्रसन्न हूं और तुम्हें ऐसी गाय प्रदान करता हूं जो तुम्हारे घर-आंगन को धन-धान्य से भर देगी. तुम्हारी सभी मनोकामनाएं पूरी होगी. रविवार का व्रत करनेवालों की

मैं सभी इच्छाएं पूरी करता हूं. मेरा व्रत करने व कथा सुनने से बांझ स्त्रियों को पुत्र की प्राप्ति होती है. स्वप्न में उस बुढ़िया को ऐसा वरदान देकर सूर्य भगवान अन्तर्धान हो गए.

प्रातःकाल सूर्योदय से पूर्व उस बुढ़िया की आंख खुली तो वह अपने घर के आंगन में सुन्दर गाय और बछड़े को देखकर हैरान हो गई. गाय को आंगन में बांधकर उसने जल्दी से उसे चारा लाकर खिलाया. पड़ोसन ने उस बुढ़िया के आंगन में बंधी सुन्दर गाय और बछड़े को देखा तो वह उससे और अधिक जलने लगी.

तभी गाय ने सोने का गोबर किया. गोबर को देखते ही पड़ोसन की आंखें फट गईं. पड़ोसन ने उस बुढ़िया को आसपास न पाकर तुरन्त उस गोबर को उठाया और अपने घर ले गई तथा अपनी गाय का गोबर वहां रख आई. सोने के गोबर से पड़ोसन कुछ ही दिनों में धनवान हो गई. गाय प्रति दिन सूर्योदय से पूर्व सोने का गोबर किया करती थी और बुढ़िया के उठने के पहले पड़ोसन उस गोबर को उठाकर ले जाती थी.

बहुत दिनों तक बुढ़िया को सोने के गोबर के बारे में कुछ पता ही नहीं चला. बुढ़िया पहले की तरह हर रविवार को भगवान सूर्यदेव का व्रत करती रही और कथा सुनती रही. लेकिन सूर्य भगवान को जब पड़ोसन की चालाकी का पता चला तो उन्होंने तेज आंधी चलाई.

आंधी का प्रकोप देखकर बुढ़िया ने गाय को घर के भीतर बांध दिया. सुबह उठकर बुढ़िया ने सोने का गोबर देखा उसे बहुत आश्चर्य हुआ. उस दिन के बाद बुढ़िया गाय को घर के भीतर बांधने लगी.

सोने के गोबर से बुढ़िया कुछ ही दिन में बहुत धनी हो गई. उस बुढ़िया के धनी होने से पड़ोसन बुरी तरह जल-भुनकर राख हो गई और उसने अपने पति को समझा-बुझाकर उस नगर के राजा के पास भेज दिया.

राजा को जब बुढ़िया के पास सोने के गोबर देने वाली गाय के बारे में पता चला तो उसने अपने सैनिक भेजकर बुढ़िया की गाय लाने का आदेश दिया. सैनिक उस बुढ़िया के घर पहुंचे. उस समय बुढ़िया सूर्य भगवान को भोग लगाकर स्वयं भोजन ग्रहण करने वाली थी.

राजा के सैनिकों ने गाय और बछड़े को खोला और अपने साथ महल की ओर ले चले. बुढ़िया ने सैनिकों से गाय और उसके बछड़े को न ले जाने की प्रार्थना की, बहुत रोई-चिल्लाई, लेकिन राजा के सैनिक नहीं माने.

गाय व बछड़े के चले जाने से बुढ़िया को बहुत दुःख हुआ. उस दिन उसने कुछ नहीं खाया और सारी रात सूर्य भगवान से गाय व बछड़े को लौटाने के लिए प्रार्थना करती रही.

सुन्दर गाय को देखकर राजा बहुत खुश हुआ. सुबह जब राजा ने सोने का गोबर देखा तो उसके आश्चर्य का ठिकाना न रहा. उधर सूर्य भगवान को भूखी-प्यासी बुढ़िया को इस तरह प्रार्थना करते देख उस पर बहुत करुणा आई. उसी रात सूर्य भगवान ने राजा को स्वप्न में कहा, राजन, बुढ़िया की गाय व बछड़ा तुरन्त लौटा दो, नहीं तो तुम पर विपत्तियों का पहाड़ टूट पड़ेगा. तुम्हारा महल नष्ट हो जाएगा.

सूर्य भगवान के स्वप्न से बुरी तरह भयभीत राजा ने प्रातः उठते ही गाय और बछड़ा बुढ़िया को लौटा दिया. राजा ने बहुत-सा धन देकर बुढ़िया से अपनी गलती के लिए क्षमा मांगी. राजा ने पड़ोसन और उसके पति को उनकी इस दुष्टता के लिए दण्ड दिया.

फिर राजा ने पूरे राज्य में घोषणा कराई कि सभी स्त्री-पुरुष रविवार का व्रत किया करें. रविवार का व्रत करने से सभी लोगों के घर धन-धान्य से भर गए. चारों ओर खुशहाली छा गई. सभी लोगों के शारीरिक कष्ट दूर हो गए. राज्य में सभी स्त्री-पुरुष सुखी जीवन-यापन करने लगे.

# 8

# सोलह सोमवार व्रत कथा

- सोलह सोमवार व्रत कथा

‖ सोलह सोमवार व्रत विधि ‖

व्रत

यह व्रत सप्ताह के प्रथम दिवस सोमवार को रखा जाता है।

यह व्रत भगवान शिवजी के लिये रखा जाता है।

- विधि

सोलह सोमवार के दिन भक्तिपूर्वक व्रत करें.

अधा सेर गेहूं का आटा के तीन अंगा बनाकर घी, गुड़, दीप, नैवेद्य, पूंगीफ़ल, बेलपत्र, जनेउ का जोड़ा, चंदन, अक्षत, पुष्प, आदि से प्रदोष काल में भगवान शिव का पूजन करें.

एक अंगा भगवान शिव को अर्पण करें.

दो अंगाओं को प्रसाद स्वरूप बांटें, और स्वयं भी ग्रहण करें.

सत्रहवें सोमवार के दिन पाव भर गेहूं के आटे की बाटी बनाकर. घी और गुड़ बनाकर चूरमा बनायें, भोग लगाकर उपस्थित लोगों में प्रसाद बांटें.

‖ सोलह सोमवार व्रत कथा ‖

|| पहला अध्याय||

पृथ्वी पर भ्रमण की इच्छा से भगवान शिव और पार्वतीजी अमरावती नगर में पहुँचे। वन-उपवन और सुंदर भवनों को देखकर भगवान शिव को अमरावती नगर बहुत अच्छा लगा। उन्होंने कुछ दिन उसी नगर में रहने के लिए कहा। पार्वती को भी अमरावती नगर बहुत अच्छा लगा था।

उस नगर के राजा ने भगवान शिव का एक विशाल मंदिर बनवा रखा था। शिव और पार्वती उस मंदिर में रहने लगे। एक दिन पार्वती ने भगवान शिव से कहा- 'हे प्राणनाथ! आज मेरी चौसर खेलने की इच्छा हो रही है।' पार्वती की इच्छा जानकर शिव पार्वती के साथ चौसर खेलने बैठ गए।

खेल प्रारंभ होते ही उस मंदिर का पुजारी वहाँ आ गया। पार्वती ने पुजारी से पूछा- 'पुजारीजी! चौसर के खेल में हम दोनों में से किसकी विजय होगी?'

उस समय शिव और पार्वती परिवर्तित रूप में थे। पुजारी ने एक पल कुछ सोचा और झट से बोला- 'चौसर के खेल में त्रिलोकीनाथ की विजय होगी।'

यह कहकर पुजारी पूजा-पाठ में लग गया। कुछ देर बाद चौसर में शिवजी की पराजय हुई और पार्वतीजी जीत गईं। पार्वतीजी ने ब्राह्मण पुजारी के मिथ्या वचन से रुष्ट होकर उसे कोढ़ी हो जाने का शाप दे दिया।

शिव और पार्वती उस मंदिर से कैलाश पर्वत लौट गए। पार्वती के शाप से कुछ ही देर में ब्राह्मण पुजारी का सारा शरीर कोढ़ से भर गया। नगर के स्त्री-पुरुष उस पुजारी की परछाई से भी दूर-दूर रहने लगे। कुछ लोगों ने राजा से पुजारी के कोढ़ी हो जाने की शिकायत की तो राजा ने किसी पाप के कारण पुजारी के कोढ़ी हो जाने का विचार कर उसे मंदिर से निकलवा दिया।

उसकी जगह दूसरे ब्राह्मण को पुजारी बना दिया। कोढ़ी पुजारी मंदिर के बाहर बैठकर भिक्षा माँगने लगा। कई दिन बाद स्वर्गलोक की कुछ अप्सराएँ उस मंदिर में भगवान शिव की पूजा करने आईं। कोढ़ी पुजारी पर उनको बहुत दया आई। उन्होंने पुजारी से उस भयंकर कोढ़ के बारे में पूछा। पुजारी ने उन्हें भगवान शिव और पार्वतीजी के चौसर खेलने और पार्वतीजी के शाप देने की सारी कहानी सुनाई।

शाप की कहानी सुनकर अप्सराओं ने पुजारी से कहा कि तुम सोलह सोमवार का विधिवत व्रत करो। तुम्हारे सभी कष्ट, रोग-विकार शीघ्र नष्ट हो जाएँगे।

पुजारी द्वारा पूजन विधि पूछने पर अप्सराओं ने कहा- 'सोमवार के दिन सूर्योदय से पहले उठकर, स्नानादि से निवृत्त होकर, स्वच्छ वस्त्र पहनकर, आधा सेर गेहूँ का आटा लेकर उसके तीन अंग बनाना। फिर घी का दीपक जलाकर गुड़, नैवेद्य, बेलपत्र, चंदन, अक्षत, फूल, पूंगीफल, जनेऊ का जोड़ा लेकर प्रदोष काल में भगवान शिव की पूजा-अर्चना करना।

पूजा के बाद तीन अंगों में एक अंग भगवान शिव को अर्पण करके शेष दो अंगों को भगवान का प्रसाद मानकर वहाँ उपस्थित स्त्री, पुरुषों और बच्चों को बाँट देना। इस तरह व्रत करते हुए जब सोलह सोमवार बीत जाएँ तो सत्रहवें सोमवार को एक पाव आटे की बाटी बनाकर, उसमें घी और गुड़ मिलाकर चूरमा बनाना।

फिर भगवान शिव को भोग लगाकर वहाँ उपस्थित स्त्री, पुरुष और बच्चों को प्रसाद बाँट देना। इस तरह सोलह सोमवार व्रत करने और व्रतकथा सुनने से भगवान शिव तुम्हारे कोढ़ को नष्ट करके तुम्हारी सभी मनोकामनाएँ पूरी कर देंगे। इतना कहकर अप्सराएँ स्वर्गलोक

को चली गईं।

पुजारी ने अप्सराओं के कथनानुसार विधिवत सोलह सोमवार का व्रत किया फलस्वरूप भगवान शिव की अनुकम्पा से उसका कोढ़ नष्ट हो गया। राजा ने उसे फिर मंदिर का पुजारी बना दिया। मंदिर में भगवान शिव की पूजा करता हुआ ब्राह्मण पुजारी आनंद से जीवन व्यतीत करने लगा।

कुछ दिनों बाद पुन: पृथ्वी का भ्रमण करते हुए भगवान शिव और पार्वती उस मंदिर में पधारे। स्वस्थ पुजारी को देखकर पार्वती ने आश्चर्य से उसके

रोगमुक्त होने का कारण पूछा तो पुजारी ने उन्हें सोलह सोमवार व्रत करने की सारी कथा सुनाई।

|| दूसरा अध्याय||

पार्वतीजी भी व्रत की बात सुनकर बहुत प्रसन्न हुईं और उन्होंने पुजारी से इसकी विधि पूछकर स्वयं सोलह सोमवार का व्रत प्रारंभ किया। पार्वतीजी उन दिनों अपने पुत्र कार्तिकेय के नाराज होकर दूर चले जाने से बहुत चिन्तित रहती थीं। वे कार्तिकेय को लौटा लाने के अनेक उपाय कर चुकी थीं, लेकिन कार्तिकेय लौटकर उनके पास नहीं आ रहे थे।

सोलह सोमवार का व्रत करते हुए पार्वती ने भगवान शिव से कार्तिकेय के लौटने की मनोकामना की। व्रत समापन के तीसरे दिन सचमुच कार्तिकेय वापस लौट आए। कार्तिकेय ने अपने हृदय-परिवर्तन के संबंध में पार्वतीजी से पूछा- 'हे माता! आपने ऐसा कौन-सा उपाय किया था, जिससे मेरा क्रोध नष्ट हो गया और मैं वापस लौट आया?' तब पार्वतीजी ने कार्तिकेय को सोलह सोमवार के व्रत की कथा कह सुनाई।

कार्तिकेय अपने एक ब्राह्मण मित्र ब्रह्मदत्त के परदेस चले जाने से बहुत दुखी थे। वह वापस नहीं आ रहा था। उसको वापस लौटाने के लिए कार्तिकेय ने

सोलह सोमवार का व्रत करते हुए ब्रह्मदत्त के वापस लौट आने की कामना प्रकट की। व्रत के समापन के कुछ दिनों के बाद मित्र लौट आया।

ब्रह्मदत्त ने लौटकर कार्तिकेय से कहा- 'प्रिय मित्र! तुमने ऐसा कौन-सा उपाय किया था जिससे परदेस में मेरे विचार एकदम परिवर्तित हो गए और मैं

तुम्हारा स्मरण करते हुए लौट आया?' कार्तिकेय ने अपने मित्र को भी सोलह सोमवार के व्रत की कथा-विधि कह सुनाई। ब्राह्मण मित्र व्रत के बारे में

सुनकर बहुत खुश हुआ।

उसने भी व्रत करना शुरू कर दिया। सोलह सोमवार व्रत का समापन करने के बाद ब्रह्मदत्त यात्रा पर निकला। कुछ दिनों बाद ब्रह्मदत्त एक नगर में पहुँचा। नगर के राजा हर्षवर्धन की बेटी राजकुमारी गुंजन का स्वयंवर हो रहा था। उस स्वयंवर में अनेक राज्यों के राजकुमार आए थे। स्वयंवर में राजा हर्षवर्धन की हथिनी जिसके गले में जयमाला डाल देगी, उसी के साथ राजकुमारी का विवाह होना था।

ब्रह्मदत्त भी उत्सुकतावश महल में चला गया। वहाँ कई राज्यों के राजकुमार बैठे थे। तभी एक सजी-धजी हथिनी सूँड में जयमाला लिए वहाँ आई। उस हथिनी के पीछे राजकुमारी गुंजन दुल्हन की वेशभूषा में चल रही थी। हथिनी ने ब्रह्मदत्त के गले में जयमाला डाल दी फलस्वरूप राजकुमारी का विवाह

ब्रह्मदत्त से हो गया।

सोलह सोमवार व्रत के प्रभाव से ब्रह्मदत्त का भाग्य बदल गया। ब्रह्मदत्त को राजा ने बहुत-सा धन और स्वर्ण आभूषण देकर विदा किया। अपने नगर में

पहुँचकर ब्रह्मदत्त आनंद से रहने लगा। एक दिन उसकी पत्नी गुंजन ने पूछा- 'हे प्राणनाथ! आपने कौन-सा शुभकार्य किया था जो उस हथिनी ने राजकुमारों को छोड़कर आपके गले में जयमाला डाल दी।' ब्रह्मदत्त ने सोलह सोमवार व्रत की सारी कहानी बता दी।

अपने पति से सोलह सोमवार का महत्व जानकर राजकुमारी गुंजन ने पुत्र की इच्छा से सोलह सोमवार का व्रत किया। निश्चित समय पर भगवान शिव की अनुकम्पा से राजकुमारी के एक सुंदर व स्वस्थ पुत्र उत्पन्न हुआ। पुत्र का नामकरण गोपाल के रूप में हुआ।

दोनों पति-पत्नी सुंदर पुत्र को पाकर बहुत खुश हुए। पुत्र ने भी माँ से एक दिन प्रश्न किया कि मैंने तुम्हारे ही घर में जन्म लिया इसका क्या कारण है। माता गुंजन ने पुत्र को सोलह सोमवार व्रत की जानकारी दी और कहा कि भगवान शिव के आशीर्वाद से ही मुझे तुम जैसा गुणी व सुंदर पुत्र मिला है।

व्रत का महत्व जानकर गोपाल ने भी व्रत करने का संकल्प किया। गोपाल जब सोलह वर्ष का हुआ तो उसने राज्य पाने की इच्छा से सोलह सोमवार का विधिवत व्रत किया। व्रत समापन के बाद गोपाल घूमने के लिए समीप के नगर में गया।

उस नगर के राजा के महामंत्री राजकुमार के विवाह के लिए सुयोग्य वर की तलाश में निकले थे।

राजा ने गोपाल को देखा तो बहुत प्रसन्न हुए। फिर गोपाल से उसके माता-पिता के संबंध में बातें करके, उसे अपने साथ महल में ले गए। वृद्ध राजा ने

गोपाल को पसंद किया और बहुत धूमधाम से राजकुमारी का विवाह उसके साथ कर दिया।

सोलह सोमवार के व्रत करने से गोपाल महल में पहुँचकर आनंद से रहने लगा।

## || तृतीय अध्याय ||

दो वर्ष बाद राजा का निधन हो गया तो गोपाल को उस नगर का राजा बना दिया गया। इस तरह सोलह सोमवार व्रत करने से गोपाल की राज्य पाने की इच्छा पूर्ण हो गई। राजा बनने के बाद भी गोपाल विधिवत सोलह सोमवार का व्रत करता रहा। व्रत के समापन पर सत्रहवें सोमवार को गोपाल ने अपनी पत्नी मंगला से कहा कि व्रत की सारी सामग्री लेकर वह समीप के शिव मंदिर में पहुँचे।

मंगला ने पति की बात की परवाह न करते हुए सेवकों द्वारा पूजा की सामग्री मंदिर में भेज दी। मंगला स्वयं मंदिर नहीं गई। जब गोपाल ने भगवान शिव की पूजा पूरी की तो आकाशवाणी हुई- 'हे राजन्! तेरी रानी मंगला ने सोलह सोमवार व्रत का अनादर किया है। सो रानी को महल से निकाल दे, नहीं तो तेरा सब वैभव नष्ट हो जाएगा। तू निर्धन हो जाएगा।'

आकाशवाणी सुनकर गोपाल बुरी तरह चौंक पड़ा। उसने तुरंत महल में पहुँचकर अपने सैनिकों को आदेश दिया कि रानी मंगला को बंदी बनाकर ले जाओ और इसे दूर किसी नगर में छोड़ आओ।' सैनिकों ने राजा की आज्ञा का पालन तत्काल कर दिया। मंत्रियों ने राजा से प्रार्थना की कि वे रानी को अन्यत्र न भेजें

तब राजा गोपाल ने आकाशवाणी वाली बात बताई तो वे भी भगवान शिव के प्रकोप के भय से शांत होकर रह गए।

रानी मंगला भूखी-प्यासी उस नगर में भटकने लगी। मंगला को उस नगर में एक बुढ़िया मिली। वह बुढ़िया सूत कातकर बाजार में बेचने जा रही थी, लेकिन उस बुढ़िया से सूत उठ नहीं रहा था। बुढ़िया ने मंगला से कहा- 'बेटी! यदि तुम मेरा सूत उठाकर बाजार तक पहुँचा दो और सूत बेचने में मेरी मदद करो तो मैं तुम्हें धन दूँगी।'

मंगला ने बुढ़िया की बात मान ली। लेकिन जैसे ही मंगला ने सूत की गठरी को हाथ लगाया, तभी जोर की आँधी चली और गठरी खुल जाने से सारा सूत आँधी में उड़ गया। मंगला को मनहूस समझकर बुढ़िया ने उसे दूर चले जाने को कहा।

मंगला चलते-चलते नगर में एक तेली के घर पहुँची। उस तेली ने तरस खाकर मंगला को घर में रहने के लिए कह दिया लेकिन तभी भगवान शिव के प्रकोप से तेली के तेल से भरे मटके एक-एक करके फूटने लगे। तेली ने मंगला को मनहूस जानकर तुरंत घर से निकाल दिया।

भूखी-प्यासी रानी वहाँ से आगे की ओर चल पड़ी। रानी ने एक नदी पर जल पीकर अपनी प्यास शांत करनी चाही तो नदी का जल उसके स्पर्श से सूख गया। अपने भाग्य को कोसती हुई रानी आगे चल दी। चलते-चलते रानी एक जंगल में पहुँची।

उस जंगल में एक तालाब था। उसमें निर्मल जल भरा हुआ था। निर्मल जल देखकर रानी की प्यास तेज हो गई। जल पीने के लए रानी ने तालाब की सीढ़ियाँ उतरकर जैसे ही जल को स्पर्श किया, तभी उस जल में असंख्य कीड़े उत्पन्न हो गए।

रानी ने दुःखी होकर उस गंदे जल को पीकर अपनी प्यास शांत की। दोपहर की धूप से परेशान होकर रानी ने एक पेड़ की छाया में बैठकर कुछ देर

आराम करना चाहा तो उस पेड़ के पत्ते पलभर में सूखकर बिखर गए। रानी दूसरे पेड़ के नीचे जाकर बैठी तो उस पेड़ के पत्ते भी गिर गए। रानी तीसरे पेड़ के पास पहुँची तो वह पेड़ ही नीचे गिर पड़ा।

पेड़ों के विनाश को देखकर वहाँ पर गायों को चराते ग्वाले बहुत हैरान हुए। ग्वाले मनहूस रानी को पकड़कर समीप के मंदिर में पुजारीजी के पास ले गए। रानी के चेहरे को देखकर ही

पुजारी जान गए कि रानी अवश्य किसी बड़े घर की है। भाग्य के कारण दर-दर भटक रही है।

पुजारी ने रानी से कहा- 'पुत्री! तुम कोई चिंता नहीं करो। मेरे साथ इस मंदिर में रहो। कुछ ही दिनों में सब ठीक हो जाएगा।' पुजारी की बातों से

रानी को बहुत सांत्वना मिली। रानी उस मंदिर में रहने लगी, लेकिन उसके भाग्य में कोई परिवर्तन नहीं हुआ।

रानी भोजन बनाती तो सब्जी जल जाती, आटे में कीड़े पड़ जाते। जल से बदबू आने लगती। पुजारी भी रानी के दुर्भाग्य से बहुत चिंतित होते हुए बोले- 'हे पुत्री! अवश्य ही तुझसे कोई अनुचित काम हुआ है। जिसके कारण देवता तुझसे नाराज होकर, तुझे इतने कष्ट दे रहे हैं।' पुजारी की बात सुनकर रानी ने अपने पति के आदेश पर मंदिर में न जाकर, शिव की पूजा नहीं करने की सारी कथा सुनाई।

पुजारी ने कहा- 'अब तुम कोई चिंता नहीं करो। कल सोमवार है और कल से तुम सोलह सोमवार के व्रत करना शुरू कर दो। भगवान शिव अवश्य तुम्हारे दोषों को क्षमा करके तुम्हारे भाग्य को बदल देंगे।' पुजारी की बात मानकर रानी ने सोलह सोमवार के व्रत प्रारंभ कर दिए। सोमवार को व्रत करके, विधिवत शिव की पूजा-अर्चना करके रानी व्रतकथा सुनने लगी।

जब रानी ने सत्रहवें सोमवार को विधिवत व्रत का समापन किया तो उधर उसके पति राजा गोपाल के मन में रानी की याद आई। गोपाल ने तुरंत अपने सैनिकों को रानी मंगला को ढूँढकर लाने के लिए भेजा। रानी को ढूँढते हुए सैनिक मंदिर में पहुँचे और रानी से लौटकर चलने के लिए कहा। पुजारी ने सैनिकों से मना कर दिया और सैनिक निराश होकर लौट गए। उन्होंने लौटकर राजा को सारी बातें बताईं।

राजा गोपाल स्वयं उस मंदिर में पुजारी के पास पहुँचे और रानी को महल से निकाल देने के कारण पुजारीजी से क्षमा माँगी। पुजारी ने राजा से कहा- 'यह सब भगवान शिव के प्रकोप के कारण हुआ है। इसलिए रानी अब कभी भगवान शिव की पूजा की अवहेलना नहीं करेगी।' पुजारीजी ने समझाकर रानी मंगला को विदा किया।

राजा गोपाल के साथ रानी मंगला महल में पहुँची। महल में बहुत खुशियाँ मनाई गईं। पूरे नगर को सजाया गया। लोगों ने उस रात दिवाली की तरह घरों में दीपक जलाकर रोशनी की। ब्राह्मणों ने वेद-मंत्रों से रानी मंगला का स्वागत किया। राजा ने ब्राह्मणों को अन्न, वस्त्र और धन का दान दिया। नगर में निर्धनों को वस्त्र बाँटे गए।

रानी मंगला सोलह सोमवार का व्रत करते हुए महल में आनंदपूर्वक रहने लगी। भगवान शिव की अनुकम्पा से उसके जीवन में सुख ही सुख भर गए। सोलह सोमवार के व्रत करने और कथा सुनने से मनुष्य की सभी मनोकामनाएँ पूरी होती हैं और जीवन में किसी तरह की कमी नहीं होती है। स्त्री-पुरुष आनंदपूर्वक जीवन-यापन करते हुए मोक्ष को प्राप्त करते हैं।

• ||सम्पूर्ण || आरती

ॐ जय शिव ॐकारा, स्वामी हर शिव ॐकारा ।

ब्रह्मा विष्णु सदाशिव अर्द्धांगी धारा ..

जय शिव ॐकारा ..

एकानन चतुरानन पंचानन राजे

स्वामी पंचानन राजे ।

हंसासन गरुड़ासन वृष वाहन साजे ..

जय शिव ॐकारा ..

दो भुज चारु चतुर्भुज दस भुज से सोहे

स्वामी दस भुज से सोहे ।

तीनों रूप निरखते त्रिभुवन जन मोहे ..

जय शिव ॐकारा ..

अक्षमाला वनमाला मुण्डमाला धारी

स्वामि मुण्डमाला धारी ।

चंदन मृग मद सोहे भाले शशि धारी ..

जय शिव ॐकारा ..

श्वेताम्बर पीताम्बर बाघाम्बर अंगे

स्वामी बाघाम्बर अंगे ।

सनकादिक ब्रह्मादिक भूतादिक संगे ..

जय शिव ॐकारा ..

कर में श्रेष्ठ कमण्डलु चक्र त्रिशूल धरता

स्वामी चक्र त्रिशूल धरता ।

जगकर्ता जगहर्ता जग पालन कर्ता ..

जय शिव ॐकारा ..

ब्रह्मा विष्णु सदाशिव जानत अविवेका

स्वामि जानत अविवेका ।

प्रणवाक्षर में शोभित यह तीनों एका ।

जय शिव ॐकारा ..

निर्गुण शिव की आरती जो कोई नर गावे

स्वामि जो कोई नर गावे ।

कहत शिवानंद स्वामी मन वाँछित फल पावे ।

जय शिव ॐकारा ..

# ९

# संतोषी माता शुक्रवार व्रत कथा

एक बुढ़िया थी, उसके सात बेटे थे। छह कमाने वाले थे। एक निक्कमा था। बुढ़िया मां छहो बेटों की रसोई बनाती, भोजन कराती और कुछ झूटन बचती वह सातवें को दे देती थी, परन्तु वह बड़ा भोला-भाला था, मन में कुछ विचार नहीं करता था।

एक दिन वह बहू से बोला- देखो मेरी मां को मुझ पर कितना प्रेम है। वह बोली-क्यों नहीं, सबका झूठा बचा हुआ जो तुमको खिलाती है। वह बोला- ऐसा नहीं हो सकता है। मैं जब तक आंखों से न देख लूं मान नहीं सकता। बहू ने हंस कर कहा- देख लोगे तब तो मानोगे?

कुछ दिन बात त्यौहार आया, घर में सात प्रकार के भोजन और चूरमे के लड्डू बने। वह जांचने को सिर दुखने का बहाना कर पतला वस्त्र सिर पर ओढ़े रसोई घर में सो गया, वह कपड़े में से सब देखता रहा।

छहों भाई भोजन करने आए। उसने देखा, मां ने उनके लिए सुन्दर आसन बिछा नाना प्रकार की रसोई परोसी और आग्रह करके उन्हें जिमाया। वह देखता रहा। छहों भोजन कर उठे तब मां ने उनकी झूठी थालियों में से लड्डुओं के टुकड़े उठाकर एक लड्डू बनाया।

जूठन साफ कर बुढ़िया मां ने उसे पुकारा- बेटा, छहों भाई भोजन कर गए अब तू ही बाकी है, उठ तू कब खाएगा? वह कहने लगा- मां मुझे भोजन नहीं करना, मै अब परदेस जा रहा हूं। मां ने कहा- कल जाता हो तो आज चला जा। वह बोला- हां आज ही जा रहा हूँ । यह कह कर वह घर से निकल गया। चलते समय स्त्री की याद आ गई। वह गौशाला में कण्डे थाप रही थी।

वहां जाकर बोला-दोहा- हम जावे परदेस आवेंगे कुछ काल। तुम रहियो सन्तोष से धर्म आपनो पाल।

वह बोली- जाओ पिया आनन्द से हमारो सोच हटाय। राम भरोसे हम रहें ईश्वर तुम्हें सहाय।

दो निशानी आपनी देख धरूं में धीर। सुधि मति हमारी बिसारियो रखियो मन गम्भीर।

वह बोला- मेरे पास तो कुछ नहीं, यह अंगूठी है सो ले और अपनी कुछ निशानी मुझे दे। वह बोली- मेरे पास क्या है, यह गोबर भरा हाथ है। यह कह कर उसकी पीठ पर गोबर के हाथ की थाप मार दी। वह चल दिया, चलते-चलते दूर देश पहुंचा। वहां एक साहूकार की दुकान थी। वहां जाकर कहने लगा- भाई मुझे नौकरी पर रख लो। साहूकार को जरूरत थी, बोला- रह जा।

लड़के पूछा- तनखा क्या दोगे? साहूकार ने कहा- काम देख कर दाम मिलेंगे। साहूकार की नौकरी मिली, वह सुबह ७ बजे से १० बजे तक नौकरी बजाने लगा। कुछ दिनों में दुकान का सारा लेन-देन, हिसाब-किताब, ग्राहकों को माल बेचना सारा काम करने लगा।

साहूकार के सात-आठ नौकर थे, वे सब चक्कर खाने लगे, यह तो बहुत होशियार बन गया। सेठ ने भी काम देखा और तीन महीने में ही उसे आधे मुनाफे का हिस्सेदार बना लिया। वह कुछ वर्ष में ही नामी सेठ बन गया और मालिक सारा कारोबार उस छोड़कर चला गया।

अब बहू पर क्या बीती? सो सुनों, सास ससुर उसे दुःख देने लगे, सारी गृहस्थी का काम कराके उसे लकड़ी लेने जंगल में भेजते। इस बीच घर के आटे से जो भूसी निकलती उसकी रोटी बनाकर रख दी जाती और फूटे नारियल की नारेली मे पानी। इस तरह दिन बीतते रहे।

एक दिन वह लकड़ी लेने जा रही थी, रास्ते मे बहुत सी स्त्रियां संतोषी माता का व्रत करती दिखाई दी। वह वहां खड़ी होकर कथा सुनने लगी और पूछा- बहिनों तुम किस देवता का व्रत करती हो और उसकेकरने से क्या फल मिलता है? इस व्रत को करने की क्या विधि है? यदि तुम अपने इस व्रत का विधान मुझे समझा कर कहोगी तो मै तुम्हारा बड़ा अहसान मानूंगी।

तब उनमें से एक स्त्री बोली- सुनों, यह संतोषी माता का व्रत है। इसके करने से निर्धनता, दरिद्रता का नाश होता है। लक्ष्मी आती है। मन की चिन्ताएं दूर होती है। घर में सुख होने से मन को प्रसन्नता और शान्ति मिलती है।

निपूती को पुत्र मिलता है, प्रीतम बाहर गया हो तो शीध्र घर आवे, कवांरी कन्या को मन पसंद वर मिले, राजद्वारे में बहुत दिनों से मुकदमा चल रहा हो खत्म हो जावे, कलह क्लेश की निवृति हो सुख-शान्ति हो। घर में धन जमा हो, पैसा जायदाद का लाभ हो, रोग दूर हो जावे तथा और जो कुछ मन में कामना हो सो सब संतोषी माता की कृपा से पूरी हो जावे, इसमें संदेह नहीं।

वह पूछने लगी- यह व्रत कैसे किया जाए यह भी बताओ तो बड़ी कृपा होगी। वह कहने लगी- सवा आने का गुड़ चना लेना, इच्छा हो तो सवा पांच आने का लेना या सवा रुपए का भी सहूलियत के अनुसार लेवे।

बिना परेशानी और श्रध्दा व प्रेम से जितना भी बन पड़े सवाया लेना। प्रतयेक शुक्रवार को निराहार रह कर कथा सुनना,इसके बीच क्रम टूटे नहीं, लगातार नियम पालन करना, सुनने

वाला कोई न मिले तो घी का दीपक जला उसके आगे या जल के पात्र को सामने रख कर कथा कहना, परन्तु नियम न टूटे।

जब कार्य सिद्ध न हो नियम का पालन करना और कार्य सिद्ध हो जाने पर व्रत का उद्यापन करना। तीन मास में माता फल पूरा करती है। यदि किसी के ग्रह खोटे भी हों, तो भी माता वर्ष भर में कार्य सिद्ध करती है, फल सिद्ध होने पर उद्यापन करना चाहिए बीच में नहीं।

उद्यापन में अढ़ाई सेर आटे का खाजा तथा इसी परिमाण से खीर तथा चने का साग करना। आठ लड़कों को भोजन कराना, जहां तक मिलें देवर, जेठ, भाई-बंधु के हों, न मिले तो रिश्तेदारों और पास-पड़ौसियों को बुलाना। उन्हें भोजन करा यथा शक्ति दक्षिणा दे माता का नियम पूरा करना। उस दिन घर में खटाई न खाय।

यह सुन बुढ़िया के लड़के की बहू चल दी। रास्ते में लकड़ी के बोझ को बेच दिया और उन पैसों से गुड़-चना ले माता के व्रत की तैयारी कर आगे चली और सामने मंदिर देखकर पूछने लगी-'यह मंदिर किसका है? सब कहने लगे संतोषी माता का मंदिर है, यह सुनकर माता के मंदिर में जाकर चरणों में लोटने लगी।

दीन हो विनती करने लगी- मां में निपट अज्ञानी हूं, व्रत के कुछ भी नियम नहीं जानती, मैं दुःखी हूं, हे माता जगत जननी मेरा दुःख दूर कर मैं तेरी शरण में हूं। माता को दया आई - एक शुक्रवार बीता कि दूसरे को उसके पति का पत्र आया और तीसरे शुक्रवार को उसका भेजा हुआ पैसा आ पहुंचा।

यह देख जेठ-जिठानी मुंह सिकोड़ने लगे। इतने दिनों में इतना पैसा आया, इसमें क्या बड़ाई? लड़के ताने देने लगे- काकी के पास पत्र आने लगे, रुपया आने लगा, अब तो काकी की खातिर बढ़ेगी, अब तो काकी बोलने से भी नहीं बोलेगी। बेचारी सरलता से कहती- भैया कागज आवे रुपया आवे हम सब के लिए अच्छा है।

ऐसा कह कर आंखों में आंसू भरकर संतोषी माता के मंदिर में आ मातेश्वरी के चरणों में गिरकर रोने लगी। मां मैंने तुमसे पैसा कब मांगा है। मुझे पैसे से क्या काम है? मुझे तो अपने सुहाग से काम है। मैं तो अपने स्वामी के दर्शन मांगती हूं। तब माता ने प्रसन्न होकर कहा-जा बेटी, तेरा स्वामी आवेगा। यह सुनकर खुशी से बावळी होकर घर में जा काम करने लगी।

अब संतोषी मां विचार करने लगी, इस भोली पुत्री को मैंने कह तो दिया कि तेरा पति आवेगा, कैसे? वह तो इसे स्वप्न में भी याद नहीं करता। उसे याद दिलाने को मुझे ही जाना पड़ेगा। इस तरह माता जी उस बुढ़िया के बेटे के पास जा स्वप्न में प्रकट हो कहने लगी- साहूकार के बेटे, सो रहा है या जागता है।

वह कहने लगा- माता सोता भी नहीं, जागता भी नहीं हूं कहो क्या आज्ञा है? मां कहने लगी- तेरे घर-बार कुछ है कि नहीं? वह बोला- मेरे पास सब कुछ है मां-बाप है बहू है क्या कमी है। मां बोली- भोले पुत्र तेरी बहू घोर कष्ट उठा रही है, तेर मां-बाप उसे त्रास दे रहे हैं।

वह तेरे लिए तरस रही है, तू उसकी सुध ले। वह बोला- हां माता जी यह तो मालूम है, परंतु जाऊं तो कैसे? परदेश की बात है, लेन-देन का कोई हिसाब नहीं, कोई जाने का रास्ता नहीं आता, कैसे चला जाऊं? मां कहने लगी- मेरी बात मान, सवेरे नहा धोकर संतोषी माता का नाम ले, घी का दीपक जला दण्डवत कर दुकान पर जा बैठ। देखते-देखते सारा लेन-देन चुक जाएगा, जमा का माल बिक जाएगा, सांझ होते-होते धन का भारी ठेर लग जाएगा।

अब सवेरे जल्दी उठ भाई-बंधुओं से सपने की सारी बात कहता है। वे सब उसकी अनसुनी कर दिल्लगी उड़ाने लगे। कभी सपने भी सच होते हैं। एक बूढ़ा बोला- देख भाई मेरी बात मान, इस प्रकार झूठ-सांच करने के बदले देवता ने जैसा कहा है वैसा ही करने में तेरा क्या जाता है।

अब बूढ़े की बात मानकर वह नहा धोकर संतोषी माता को दण्डवत धी का दीपक जला दुकान पर जा बैठता है। थोड़ी देर में क्या देखता है कि देने वाले रुपया लाने लगे, लेने वाले हिसाब लेने लगे। कोठे में भरे सामान के खरीददार नकद दाम दे सौदा करने लगे।

शाम तक धन का भारी ठेर लग गया। मन में माता का नाम ले चमत्कार देख प्रसन्न हो घर ले जाने के वास्ते गहना, कपड़ा सामान खरीदने लगा। यहां काम से निपट तुरंत घर को रवाना हुआ।

वह बेचारी जंगल में लकड़ी लेने जाती है। लौटते वक्त माताजी क मंदिर में विश्राम करती है। वह तो उसके प्रतिदिन रुकने का जो स्थान ठहरा, धूल उड़ती देख वह माता से पूछती है- हे माता, यह छूल कैसे उड़ रही है? माता कहती है- हे पुत्री तेरा पति आ रहा है।

अब तू ऐसा कर लकडिय़ों के तीन बोझ बना ले, एक नदी के किनारे रख और दूसरा मेरे मंदिर पर व तीसरा अपने सिर पर रख। तेरे पति को लकडिय़ों का गट्ठर देख मोह पैदा होगा, वह यहां रुकेगा, नाश्ता-पानी खाकर मां से मिलने जाएगा, तब तू लकडिय़ों का बोझ उठाकर जाना और चौक में गट्ठर डालकर जोर से आवाज लगाना- लो सासूजी, लकडिय़ों का गट्ठर लो, भूसी की रोटी की रोटी दो, नारियल के खपड़े में पानी दो, आज मेहमान कौन आया है? बहुत अच्छा। माताजी से कहकर वह प्रसन्न मन से लकडिय़ों के तीन ग_र ले आई।

एक नदी के किनारे पर और एक माताजी के मंदिर पर रखा। इतने में मुसाफिर आ पहुंचा। सूखी लकड़ी देख उसकी इच्छा उत्पन्न हुई कि हम यही पर विश्राम करें और भोजन बनाकर खा-पीकर गांव जाएं। इसी तरह रुक कर भोजन बना, विश्राम करके गांव को गया। सबसे प्रेम से मिला। उसी समय सिर पर लकड़ी का गट्ठर लिए वह उतावली सी आती है। लकडिय़ों का भारी बाझ आंगन में डालकर जोर से तीन आवाज देती है- लो सासूजी, लकडिय़ों का गट्ठर लो, भूसी की रोटी दो। आज मेहमान कौन आया है?

यह सुनकर उसकी सास बाहर आकर अपने दिए हुए कष्टों को भुलाने हेतु कहती है- बहु ऐसा क्यों कहती है? तेरा मालिक ही तो आया है। आ बैठ, मीठा भात खा, भोजन कर, कपड़े-गहने पहिन। उसकी आवाज सुन उसका पति बाहर आता है।

अंगूठी देख व्याकुल हो जाता है। मां से पूछता है- मां यह कौन है? मां कहती है-बेटा यह तेरी बहु है। आज १२ बर्ष हो गए, जब से तू गया है तब से सारे गांव में जानवर की तरह भटकती फिरती है।

घर का काम-काज कुछ करती नहीं, चार पहर आकर खा जाती है। अब तुझे देख भूसी की रोटी और नारियल के खोपड़े में पानी मांगती है। वह लज्जित हो बोला- ठीक है मां मैने इसे भी देखा और तुम्हें भी देखा है, अब दूसरे घर की ताली दो, उसमें रहूंगा। अब मां बोली-ठीक है बेटा, जैसी तेरी मरजी हो सो कर। यह कह ताली का गुच्छा पटक दिया।

उसने ताली लेकर दूसरे मकान की तीसरी मंजिल का कमरा खोल सारा सामान जमाया। एक दिन में राजा के महल जैसा ठाट-बाट बन गया। अब क्या था? बहु सुख भोगने लगी।

इतने में शुक्रवार आया। उसने अपने पति से कहा- मुझे संतोषी माता के व्रत का उद्यापन करना है। उसका पति बोला -अच्छा, खुशी से कर लो। वह उद्यापन की तैयारी करने लगी। जिठानी के लड़कों को भोजन के लिए कहने गई। उन्होंने मंजूर किया परन्तु पीछे से जिठानी ने अपने बच्चों को सिखाया, देखो रे, भोजन के समय सब लो खटाई मांगना, जिससे उसका उद्यापन पूरा न हो।

लड़के जीमने आए खीर खाना पेट भर खाया, परंतु बाद में खाते ही कहने लगे- हमें खटाई दो, खीर खाना हमको नहीं भाता, देखकर अरूचि होती है। वह कहने लगी- भाई खटाई किसी को नहीं दी जाएगी। यह तो संतोषी माता का प्रसाद है।

लड़के उठ खड़े हुए, बोले- पैसा लाओ, भोली बहु कुछ जानती नहीं थी, उन्हें पेसे दे दिए। लड़के उसी समय हठ करके इमली खटाई ले खाने लगे। यह देखकर बहु पर माताजी ने कोप किया। राजा के दूत उसके पति को पकड़ कर ले गए। जेठ जेठानी मन-माने वचन कहने लगे। लूट-लूट कर धन इकठ्ठा कर लाया है, अब सब मालूम पड़ जाएगा जब जेल की मार खाएगा।

बहु से यह वचन सहन नहीं हुए। रोती हुई माताजी के मंदिर गई, कहने लगी- हे माता, तुमने क्या किया, हंसा कर अब भक्तों को रुलाने लगी? माता बोली- बेटी तूने उद्यापन करके मेरा व्रत भंग किया है। इतनी जन्दी सब बातें भुला दी? वह कहने लगी- माता भूलती तो नहीं, न कुछ अपराध किया है, मैने तो भूल से लड़कों को पैसे दे दिए थे, मुझे क्षमा करो। मै फिर तुम्हारा उद्यापन करूंगी।

मां बोली- अब भूल मत करना। वह कहती है- अब भूल नहीं होगी, अब बतलाओ वे कैसे आवेंगे? मां बोली- जा पुत्री तेरा पति तुझे रास्ते में आता मिलगा। वह निकली, राह में पति आता मिला। वह पूछती है- तुम कहां गए थे? वह कहने लगा- इतना धन जो कमाया है उसका टैक्स राजा ने मांगा था, वह भरने गया था। वह प्रसन्न हो बोली- भला हुआ, अब घर को चलो

घर गए, कुछ दिन बाद फिर शुक्रवार आया। वह बोली- मुझे फिर माता का उद्यापन करना है। पति ने कहा- करो। बहु फिर जेठ के लड़कों को भोजन को कहने गई। जेठानी ने एक दो बातें सुनाई और सब लड़कों को सिखाने लगी। तुम सब लोग पहले ही खटाई मांगना।

लड़के भोजन से पहले कहने लगे- हमे खीर नहीं खानी, हमारा जी बिगड़ता है, कुछ खटाई खाने को दो। वह बोली- खटाई किसी को नहीं मिलेगी, आना हो तो आओ, वह ब्राह्मण के लड़के लाकर भोजन कराने लगी, यथा शक्ति दक्षिणा की जगह एक-एक फल उन्हें दिया। संतोषी माता प्रसन्न हुई।

माता की कृपा होते ही नवें मास में उसके चन्द्रमा के समान सुन्दर पुत्र प्राप्त हुआ। पुत्र को पाकर प्रतिदिन माता जी के मंदिर को जाने लगी। मां ने सोचा- यह रोज आती है, आज क्यों न इसक घर चलूं? इसका आसरा देखू तो सही।

यह विचार कर माता ने भयानक रूप बनाया, गुड़-चने से सना मुख, ऊपर सूंड के समान होठ, उस पर मक्खियां भिन-भिन कर रही थी। देहली पर पैर रखते ही उसकी सास चिल्लाई- देखो रे, कोई चुड़ैल डाकिन चली आ रही है, लड़कों इसे भगाओ, नहीं तो किसी को खा जाएगी। लड़के भगाने लगे, चिल्लाकर खिड़की बंद करने लगे।

बहु रौशनदान में से देख रही थी, प्रसन्नता से पगली बन चिल्लाने लगी- आज मेरी माता जी मेरे घर आई है। वह बच्चे को दूध पीने से हटाती है। इतने में सास का क्रोध फट पड़ा। वह बोली-रांड देखकर क्या उतावली हुई है? बच्चे को पटक दिया।

इतने में मां के प्रताप से लड़के ही लड़के नजर आने लगे। वह बोली- मां मै जिसका व्रत करती हूं यह संतोषी माता है। इतना कहकर झट से सारे किवाड़ खोल दिए।

सबने माता जी के चरण पकड़ लिए और विनती कर कहने लगे- हे माता, हम मूर्ख हैं, अज्ञानी हैं, तुम्हारे व्रत की विधि हम नहीं जानते, व्रत भंग कर हमने बड़ा अपराध किया है, जग माता आप हमारा अपराध क्षमा करो। इस प्रकार माता प्रसन्न हुई। बहू को प्रसन्न हो जैसा फल दिया, वैसा माता सबको दे, जो पढ़े उसका मनोरथ पूर्ण हो।

बोलो संतोषी की माता की जय।


- आरती


जय संतोषी माता मैया जय संतोषी माता |
अपने सेवक जन को सुख सम्पत्ति दाता ||
सुन्दर चीर सुनहरी माँ, धारण कीन्हों |
हीरा पन्ना दमके, तन श्रृंगार लीन्हों ||
गेरु लाल घटा छवि, बदन कमल सोहे |
मन्द हँसत करुणामयी, त्रिभुवन मन मोहे ||
स्वर्ण सिंहासन बैठी, चँवर ढूरे प्यारे |
धुप, दीप, मधुमेवा, भोग धरे न्यारे ||
गुड़ अरु चना परम प्रिय, तामे संतोष कियो |
संतोषी कहलाई, भक्तन वैभव दियो ||

शुक्रवार प्रिय मानत, आज दिवस सोही |
भक्त मण्डली छाई, कथा सुनत मोही ||
मन्दिर जगमग ज्योति, मंगल ध्वनि छाई |
विनय करें हम बालक, चरनन सिर नाई ||
भक्ति भावमय पूजा अंगीकृत कीजै |
जो मन बसै हमारे, इच्छा फल दीजै ||
दुखी, दरिद्री, रोगी, संकट मुक्त किए |
बहु धन - धान्य भरे घर, सुख सौभाग्य दिए ||
ध्यान धर्यो जो नर तेरो, मनवांछित फल पायो |
पूजा कथा श्रवणकर, घर आंनद आयो ||
शरण गहे की लज्जा, राखियो जगदम्बे |
संकट तू ही निवारे, दयामयी अम्बे ||
संतोषी माँ की आरती, जो कोई नर गावे |
ऋद्धि - सिद्धि सुख - सम्पत्ति, जी भर के पावे ||

# 10

# श्री दुर्गा नवरात्रि व्रत कथा

- श्री दुर्गा नवरात्रि व्रत कथा

एक समय बृहस्पति जी ब्रह्माजी से बोले- हे ब्रह्मन श्रेष्ठ! चैत्र व आश्विन मास के शुक्लपक्ष में नवरात्र का व्रत और उत्सव क्यों किया जाता है? इस व्रत का क्या फल है, इसे किस प्रकार करना उचित है? पहले इस व्रत को किसने किया? सो विस्तार से कहिये।

बृहस्पतिजी का ऐसा प्रश्न सुन ब्रह्माजी ने कहा- हे बृहस्पते! प्राणियों के हित की इच्छा से तुमने बहुत अच्छा प्रश्न किया है। जो मनुष्य मनोरथ पूर्ण करने वाली दुर्गा, महादेव, सूर्य और नारायण का ध्यान करते हैं, वे मनुष्य धन्य हैं। यह नवरात्र व्रत संपूर्ण कामनाओं को पूर्ण करने वाला है। इसके करने से पुत्र की कामना वाले को पुत्र, धन की लालसा वाले को धन, विद्या की चाहना वाले को विद्या और सुख की इच्छा वाले को सुख मिलता है।

इस व्रत को करने से रोगी मनुष्य का रोग दूर हो जाता है। मनुष्य की संपूर्ण विपत्तियां दूर हो जाती हैं और घर में समृद्धि की वृद्धि होती है, बन्ध्या को पुत्र प्राप्त होता है। समस्त पापों से छुटकारा मिल जाता है और मन का मनोरथ सिद्ध हो जाता है।

जो मनुष्य इस नवरात्र व्रत को नहीं करता वह अनेक दुखों को भोगता है और कष्ट व रोग से पीड़ित हो अंगहीनता को प्राप्त होता है, उसके संतान नहीं होती और वह धन-धान्य से रहित हो, भूख और प्यास से व्याकुल घूमता-फिरता है तथा संज्ञाहीन हो जाता है।

जो सधवा स्त्री इस व्रत को नहीं करती वह पति सुख से वंचित हो नाना दुखों को भोगती है। यदि व्रत करने वाला मनुष्य सारे दिन का उपवास न कर सके तो एक समय भोजन करे और दस दिन बान्धवों सहित नवरात्र व्रत की कथा का श्रवण करे।

हे बृहस्पते! जिसने पहले इस महाव्रत को किया है वह कथा मैं तुम्हें सुनाता हूं तुम सावधान होकर सुनो। इस प्रकार ब्रह्मा जी का वचन सुनकर बृहस्पति जी बोले- हे ब्राह्मण मनुष्यों का कल्याम करने वाले इस व्रत के इतिहास को मेरे लिए कहो मैं सावधान होकर सुन रहा हूं। आपकी शरण में आए हुए मुझ पर कृपा करो।

ब्रह्माजी बोले- प्राचीन काल में मनोहर नगर में पीठत नाम का एक अनाथ ब्राह्मण रहता था, वह भगवती दुर्गा का भक्त था। उसके संपूर्ण सद्गुणों से युक्त सुमति नाम की एक अत्यन्त सुन्दरी कन्या उत्पन्न हुई।

वह कन्या सुमति अपने पिता के घर बाल्यकाल में अपनी सहेलियों के साथ क्रीड़ा करती हुई इस प्रकार बढ़ने लगी जैसे शुक्ल पक्ष में चंद्रमा की कला बढ़ती है। उसका पिता प्रतिदिन जब दुर्गा की पूजा करके होम किया करता, वह उस समय नियम से वहां उपस्थित रहती। एक दिन सुमति अपनी सखियों के साथ खेल में लग गई और भगवती के पूजन में उपस्थित नहीं हुई।

उसके पिता को पुत्री की ऐसी असावधानी देखकर क्रोध आया और वह पुत्री से कहने लगा अरी दुष्ट पुत्री! आज तूने भगवती का पूजन नहीं किया, इस कारण मैं किसी कुष्ट रोगी या दरिद्र मनुष्य के साथ तेरा विवाह करूंगा।

पिता का ऐसा वचन सुन सुमति को बड़ा दुख हुआ और पिता से कहने लगी- हे पिता! मैं आपकी कन्या हूं तथा सब तरह आपके आधीन हूं जैसी आपकी इच्छा हो वैसा ही करो। राजा से, कुष्टी से, दरिद्र से अथवा जिसके साथ चाहो मेरा विवाह कर दो पर होगा वही जो मेरे भाग्य में लिखा है, मेरा तो अटल विश्वास है जो जैसा कर्म करता है उसको कर्मों के अनुसार वैसा ही फल प्राप्त होता है क्योंकि कर्म करना मनुष्य के आधीन है पर फल देना ईश्वर के आधीन है।

जैसे अग्नि में पड़ने से तृणादि उसको अधिक प्रदीप्त कर देते हैं। इस प्रकार कन्या के निर्भयता से कहे हुए वचन सुन उस ब्राह्मण ने क्रोधित हो अपनी कन्या का विवाह एक कुष्टी के साथ कर दिया और अत्यन्त क्रोधित हो पुत्री से कहने लगा-हे पुत्री!

अपने कर्म का फल भोगो, देखें भाग्य के भरोसे रहकर क्या करती हो? पिता के ऐसे कटु वचनों को सुन सुमति मन में विचार करने लगी- अहो! मेरा बड़ा दुर्भाग्य है जिससे मुझे ऐसा पति मिला। इस तरह अपने दुख का विचार करती हुई वह कन्या अपने पति के साथ वन में चली गई और डरावने कुशायुक्त उस निर्जन वन में उन्होंने वह रात बड़े कष्ट से व्यतीत की।

उस गरीब बालिका की ऐसी दशा देख देवी भगवती ने पूर्व पुण्य के प्रभाव से प्रगट हो सुमति से कहा- हे दीन ब्राह्मणी! मैं तुझसे प्रसन्न हूं, तुम जो चाहो सो वरदान मांग सकती हो। भगवती दुर्गा का यह वचन सुन ब्राह्मणी ने कहा- आप कौन हैं वह सब मुझसे कहो?

ब्राह्मणी का ऐसा वचन सुन देवी ने कहा कि मैं आदि शक्ति भगवती हूं और मैं ही ब्रह्मविद्या व सरस्वती हूं। प्रसन्न होने पर मैं प्राणियों का दुख दूर कर उनको सुख प्रदान करती हूं। हे ब्राह्मणी! मैं तुझ पर तेरे पूर्व जन्म के पुण्य के प्रभाव से प्रसन्न हूं।

तुम्हारे पूर्व जन्म का वृतांत सुनाती हूं सुनो! तू पूर्व जन्म में निषाद (भील) की स्त्री थी और अति पतिव्रता थी। एक दिन तेरे पति निषाद ने चोरी की। चोरी करने के कारण तुम दोनों को सिपाहियों ने पकड़ लिया और ले जाकर जेलखाने में कैद कर दिया।

उन लोगों ने तुझको और तेरे पति को भोजन भी नहीं दिया। इस प्रकार नवरात्र के दिनों में तुमने न तो कुछ खाया और न जल ही पिया इस प्रकार नौ दिन तक नवरात्र का व्रत हो गया। हे ब्राह्मणी! उन दिनों में जो व्रत हुआ, इस व्रत के प्रभाव से प्रसन्न होकर मैं तुझे मनोवांछित वर देती हूं, तुम्हारी जो इच्छा हो सो मांगो।

इस प्रकार दुर्गा के वचन सुन ब्राह्मणी बोली अगर आप मुझ पर प्रसन्न हैं तो हे दुर्गे! मैं आपको प्रणाम करती हूं कृपा करके मेरे पति का कोढ़ दूर करो। देवी ने कहा- उन दिनों तुमने जो व्रत किया था उस व्रत का एक दिन का पुण्य पति का कोढ़ दूर करने के लिए अर्पण करो, उस पुण्य के प्रभाव से तेरा पति कोढ़ से मुक्त हो जाएगा।

ब्रह्मा जी बोले- इस प्रकार देवी के वचन सुन वह ब्राह्मणी बहुत प्रसन्न हुई और पति को निरोग करने की इच्छा से जब उसने तथास्तु (ठीक है) ऐसा वचन कहा, तब उसके पति का शरीर भगवती दुर्गा की कृपा से कुष्ट रोग से रहित हो अति कान्तिवान हो गया।

वह ब्राह्मणी पति की मनोहर देह को देख देवी की स्तुति करने लगी- हे दुर्गे! आप दुर्गति को दूर करने वाली, तीनों लोकों का सन्ताप हरने वाली, समस्त दुःखों को दूर करने वाली, रोगी मनुष्य को निरोग करने वाली, प्रसन्न हो मनोवांछित वर देने वाली और दुष्टों का नाश करने वाली जगत की माता हो।

हे अम्बे! मुझ निरपराध अबला को मेरे पिता ने कुष्टी मनुष्य के साथ विवाह कर घर से निकाल दिया। पिता से तिरस्कृत निर्जन वन में विचर रही हूं, आपने मेरा इस विपदा से उद्धार किया है, हे देवी। आपको प्रणाम करती हूं। मेरी रक्षा करो।

ब्रह्मा जी बोले- हे बृहस्पते! उस ब्राह्मणी की ऐसी स्तुति सुन देवी बहुत प्रसन्न हुई और ब्राह्मणी से कहा- हे ब्राह्मणी! तेरे उदालय नामक अति बुद्धिमान, धनवान, कीर्तिवान और जितेन्द्रिय पुत्र शीघ्र उत्पन्न होगा।

ऐसा वर प्रदान कर देवी ने ब्राह्मणी से फिर कहा कि हे ब्राह्मणी! और जो कुछ तेरी इच्छा हो वह मांग ले। भगवती दुर्गा का ऐसा वचन सुन सुमति ने कहा कि हे भगवती दुर्गे! अगर आप मुझ पर प्रसन्न हैं तो कृपा कर मुझे नवरात्र व्रत की विधि और उसके फल का विस्तार से वर्णन करें।

महातम्य- इस प्रकार ब्राह्मणी के वचन सुन दुर्गा ने कहा- हे ब्राह्मणी! मैं तुम्हें संपूर्ण पापों को दूर करने वाले नवरात्र व्रत की विधि बतलाती हूं जिसको सुनने से मोक्ष की प्राप्ति होती है- आश्विन मास के शुक्ल पक्ष की प्रतिपदा से लेकर नौ दिन तक विधिपूर्वक व्रत करें यदि दिन भर का व्रत न कर सकें तो एक समय भोजन करें।

विद्वान ब्राह्मणों से पूछकर घट स्थापन करें और वाटिका बनाकर उसको प्रतिदिन जल से सींचें। महाकाली, महालक्ष्मी और महासरस्वती देवी की मूर्तियां स्थापित कर उनकी नित्य विधि सहित पूजा करें और पुष्पों से विधिपूर्वक अर्घ्य दें।

बिजौरा के फल से अर्घ्य देने से रूप की प्राप्ति होती है। जायफल से अर्घ्य देने से कीर्ति, दाख से अर्घ्य देने से कार्य की सिद्धि होती है, आंवले से अर्घ्य देने से सुख की प्राप्ति और

केले से अर्घ्य देने से आभूषणों की प्राप्ति होती है। इस प्रकार पुष्पों व फलों से अर्घ्य देकर व्रत समाप्त होने पर नवें दिन यथा विधि हवन करें। खांड, घी, गेहूं, शहद, जौ, तिल, बिल्व (बेल), नारियल, दाख और कदम्ब आदि से हवन करें।

गेहूं से होम करने से लक्ष्मी की प्राप्ति होती है, खीर एवं चम्पा के पुष्पों से धन की और बेल पत्तों से तेज व सुख की प्राप्ति होती है। आंवले से कीर्ति की और केले से पुत्र की, कमल से राज सम्मान की और दाखों से संपदा की प्राप्ति होती है। खांड, घी, नारियल, शहद, जौ और तिल तथा फलों से होम करने से मनोवांछित वस्तु की प्राप्ति होती है।

व्रत करने वाला मनुष्य इस विधि विधान से होम कर आचार्य को अत्यन्त नम्रता के साथ प्रणाम करे और यज्ञ की सिद्धि के लिए उसे दक्षिणा दे। इस प्रकार बताई हुई विधि के अनुसार जो व्यक्ति व्रत करता है उसके सब मनोरथ सिद्ध होते हैं, इसमें तनिक भी संदेह नहीं है।

इन नौ दिनों में जो कुछ दान आदि दिया जाता है उसका करोड़ों गुना फल मिलता है। इस नवरात्र व्रत करने से अश्वमेध यज्ञ का फल मिलता है। हे ब्राह्मणी! इस संपूर्ण कामनाओं को पूर्ण करने वाले उत्तम व्रत को तीर्थ, मंदिर अथवा घर में विधि के अनुसार करें।

ब्रह्मा जी बोले- हे बृहस्पते! इस प्रकार ब्राह्मणी को व्रत की विधि और फल बताकर देवी अन्तर्ध्यान हो गई। जो मनुष्य या स्त्री इस व्रत को भक्तिपूर्वक करता है वह इस लोक में सुख प्राप्त कर अन्त में दुर्लभ मोक्ष को प्राप्त होता है।

हे बृहस्पते! यह इस दुर्लभ व्रत का महात्म्य है जो मैंने तुम्हें बतलाया है। यह सुन बृहस्पति जी आनन्द से प्रफुल्लित हो ब्राह्माजी से कहने लगे कि हे ब्रह्मन! आपने मुझ पर अति कृपा की जो मुझे इस नवरात्र व्रत का महात्6य सुनाया।

ब्रह्मा जी बोले कि हे बृहस्पते! यह देवी भगवती शरक्ति संपूर्ण लोकों का पालन करने वाली है, इस महादेवी के प्रभाव को कौन जान सकता है? बोलो देवी भगवती की जय।

व्रत की विधि प्रात: नित्यकर्म से निवृत हो, स्नान कर, मंदिर में या घर पर ही नवरात्र में दुर्गा जी का ध्यान करके यह कथा करनी चाहिए। कन्याओं के लिए यह व्रत विशेष लाभदायक है। श्री जगदम्बा की कृपा से सब विध्न दूर हो जाते हैं तथा सुख समृद्धि की प्राप्ति होती है।


- प्रार्थना


हे परमेश्वरी! मेरे द्वारा रात दिन सहस्त्रों अपराध होत हैं 'यह मेरा दास है' समझ कर मेरे अपराधों को क्षमा करो। हे परमेश्वरी! मैं आह्वान, विसर्जन और पूजन करना नहीं जानता, मुझे क्षमा करो। हे सुरेश्वरी! मैंने जो मंत्रहीन, क्रियाहीन, भक्तयुक्त पूजन किया है वह स्वीकार करो। हे परमेश्वरी! अज्ञान से, भूल से अथवा बुद्धि भ्रान्ति से जो न्यूनता अथवा अधिकता हो गई है उसे क्षमा करिये तथा प्रसन्न होईये।

जाप मंत्र- ऊं ऐं हीं क्लीं चामुण्डायै विच्चै नम:। मनोकामना सिद्धि के लिए इस मंत्र को 108 बार या सुविधा अनुसार जाप करें।

# 11

# बजरंग बली की व्रत कथा और व्रत विधि

- बजरंग बली की व्रत कथा और व्रत विधि

भारत में हनुमान जी को अजेय माना जाता है. हनुमान जी अष्टचिरंजीवियों में से एक हैं. कलयुग में हनुमान जी ही एक मात्र ऐसे देवता हैं जो अपने भक्तो पर शीघ्र कृपा करके उनके कष्टों का निवारण करते हैं. मंगलवार भगवान हनुमान का दिन है. इस दिन व्रत रखने का अपना ही एक अलग महत्व है.

- मंगलवार व्रत की विधि

मंगलवार व्रत की कथा इस प्रकार से है. प्राचीन समय में ऋषिनगर में केशवदत्त ब्राह्मण अपनी पत्नी अंजलि के साथ रहता था. केशवदत्त को धन-संपत्ति की कोई कमी नहीं थी. सभी लोग केशवदत्त का सम्मान करते थे, लेकिन कोई संतान नहीं होने के कारण केशवदत्त बहुत चिंतित रहा करता था. पुत्र-प्राप्ति की इच्छा से दोनों पति-पत्नी प्रत्येक मंगलवार को मंदिर में जाकर हनुमानजी की पूजा करते थे.

विधिवत मंगलवार का व्रत करते हुए उनलोगों को कई वर्ष बीत गए, पर उन्हें संतान की प्राप्ति नहीं हुई. केशवदत्त बहुत निराश हो गए, लेकिन उन्होंने व्रत करना नहीं छोड़ा.

कुछ दिनों के पश्चात् केशवदत्त पवनपुत्र हनुमानजी की सेवा करने के लिए अपना घर-बाड़ छोड़ जंगल चला गया और उसकी धर्मपत्नी अंजलि घर में ही रहकर मंगलवार का व्रत करने लगी. इस प्रकार से दोनों पति-पत्नी पुत्र-प्राप्ति की इच्छा से मंगलवार का विधिवत व्रत करने लगे.

एक दिन अंजलि ने मंगलवार को व्रत रखा लेकिन किसी कारणवश उस दिन वह हनुमानजी को भोग नहीं लगा सकी और सूर्यास्त के बाद भूखी ही सो गई. तब उसने अगले मंगलवार को हनुमानजी को भोग लगाये बिना भोजन नहीं करने का प्रण कर लिया.

छः दिन तक वह भूखी-प्यासी रही. सातवें दिन मंगलवार को अंजलि ने हनुमानजी की विधिवत रूप से पूजा-अर्चना की, लेकिन तभी भूख-प्यास के कारण वह बेहोश हो गई. अंजलि की इस भक्ति को देखकर हनुमानजी प्रसन्न हो गए और उसे स्वप्न देते हुए कहा- उठो पुत्री, मैं तुम्हारी पूजा से प्रसन्न हूं और तुम्हें सुन्दर और सुयोग्य पुत्र होने का वर देता हूं. यह कहकर पवनपुत्र अंतर्धान हो गए. तब तुरंत ही अंजलि ने उठकर हनुमानजी को भोग लगाया और स्वयं भी भोजन किया.

हनुमानजी की अनुकम्पा से कुछ महीनों के बाद अंजलि ने एक सुन्दर बालक को जन्म दिया. मंगलवार को जन्म लेने के कारण उस बच्चे का नाम मंगलप्रसाद रखा गया. कुछ दिनों के बाद केशवदत्त भी घर लौट आया.

उसने मंगल को देखा तो अंजलि से पूछा- यह सुन्दर बच्चा किसका है? अंजलि ने खुश होते हुए हनुमानजी के दर्शन देने और पुत्र प्राप्त होने का वरदान देने की सारी कथा सुना दी, लेकिन केशवदत्त को उसकी बातों पर विश्वास नहीं हुआ. उसके मन में यह कलुषित विचार आ गया कि अंजलि ने उसके साथ विश्वासघात किया है और अपने पापों को छिपाने के लिए झूठ बोल रही है.

केशवदत्त ने उस बच्चे को मार डालने की योजना बनाई. एक दिन केशवदत्त स्नान करने के लिए कुएं पर गया, मंगल भी उसके साथ था. केशवदत्त ने मौका देखकर मंगल को कुएं में फेंक दिया और घर आकर बहाना बना दिया कि मंगल तो कुएं पर मेरे पास पहुंचा ही नहीं.

केशवदत्त के इतने कहने के ठीक बाद मंगल दौड़ता हुआ घर लौट आया. केशवदत्त मंगल को देखकर बुरी तरह हैरान हो उठा. उसी रात हनुमानजी ने केशवदत्त को स्वप्न में दर्शन देते हुए कहा- तुम दोनों के मंगलवार के व्रत करने से प्रसन्न होकर पुत्रजन्म का वर मैंने प्रदान किया था, फिर तुम अपनी पत्नी को कुलटा क्यों समझते हो.

उसी समय केशवदत्त ने अंजलि को जगाकर उससे क्षमा मांगते हुए स्वप्न में हनुमानजी के दर्शन देने की सारी कहानी सुनाई. केशवदत्त ने अपने बेटे को हृदय से लगाकर बहुत प्यार किया. उस दिन के बाद सभी आनंदपूर्वक रहने लगे.

मंगलवार का विधिवत व्रत करने से केशवदत्त और उनके परिवार के सभी कष्ट दूर हो गए. इस तरह जो स्त्री-पुरुष विधिवत रूप से मंगलवार के दिन व्रत रखते हैं और व्रतकथा सुनते हैं, अंजनिपुत्र हनुमानजी उनके सभी कष्टों को दूर करते हुए उनके घर में धन-संपत्ति का भण्डार भर देते हैं और शरीर के सभी रक्त विकार के रोग भी नष्ट हो जाते हैं.

**********

- मंगलवार के व्रत की आरती

आरती कीजै हनुमान लला की । दुष्ट दलन रघुनाथ कला की ।।
जाके बल से गिरिवर कांपै । रोग-दोष जाके निकट न झांपै ।।
अंजनि पुत्र महा बलदाई । संतन के प्रभु सदा सहाई ।।
दे बीरा रघुनाथ पठाए । लंका जारि सिया सुधि लाये ।।
लंका सो कोट समुद्र सी खाई । जात पवनसुत बार न लाई ।।
लंका जारि असुर सब मारे । सियाराम जी के काज संवारे ।।
लक्ष्मण मूच्छित पड़े सकारे । लाय संजीवन प्राण उबारे ।।
पैठि पताल तोरि जमकारे । अहिरावण की भुजा उखारे ।।
बाईं भुजा असुर संहारे । दाईं भुजा संत जन तारे ।।
सुर नर मुनि आरती उतारें । जय जय जय हनुमान उचारें ।।
कंचन थार कपूर लौ छाई । आरति करत अंजना माई ।।
जो हनुमान जी की आरती गावे । बसि बैकुण्ठ परमपद पावे ।।
**********
लंक विध्वंस किए रघुराई । तुलसिदास प्रभु कीरति गाई ।
यदि शनिकी साढेसाती हो, तो उस प्रभावको कम करने हेतु हनुमानकी पूजा करते हैं ।

- यह विधि इस प्रकार है -

1. एक कटोरीमें तेल लें व उसमें काली उडदके चौदह दाने डालकर, उस तेलमें अपना चेहरा देखें ।
2. उसके उपरांत यह तेल हनुमानको चढाएं । जो व्यक्ति बीमारीके कारण हनुमान मंदिर नहीं जा सकता, वह भी इस पद्धतिनुसार हनुमानकी पूजा कर सकता है ।
3. खरा तेली शनिवारके दिन तेल नहीं बेचता, क्योंकि जिस शक्तिके कष्टसे छुटकारा पानेके लिए कोई मनुष्य हनुमानपर तेल चढाता है, संभवत: वह शक्ति तेलीको भी कष्ट दे सकती है ।
4. इसलिए हनुमान मंदिरके बाहर बैठे तेल बेचनेवालोंसे तेल न खरीदकर घरसे ही तेल ले जाकर चढाएं ।

# 12

# वट सावित्री व्रत कल, पूजन विधि, महत्व व कथा

- वट सावित्री व्रत कल, पूजन विधि, महत्व व कथा

1. ऐसे करें वट सावित्री व्रत और पूजन

सुहागन स्त्रियां वट सावित्री व्रत के दिन सोलह श्रृंगार करके सिंदूर, रोली, फूल, अक्षत, चना, फल और मिठाई से सावित्री, सत्यवान और यमराज की पूजा करें।

यह व्रत करने वाली स्त्रियों को चाहिए कि वह वट के समीप जाकर जल का आचमन लेकर कहे-ज्येष्ठ मात्र कृष्ण पक्ष त्रयोदशी अमुक वार में मेरे पुत्र और पति की आरोग्यता के लिए एव जन्म-जन्मान्तर में भी मैं विधवा न होऊं इसलिए सावित्री का व्रत करती हूं।

वट के मूल में ब्रह्म, मध्य में जर्नादन, अग्रभाग में शिव और समग्र में सावित्री है।

हे वट! अमृत के समान जल से मैं तुमको सींचती हूं। ऐसा कहकर भक्तिपूर्व एक सूत के डोर से वट को बांधे और गंध, पुष्प तथा अक्षत से पूजन करके वट एवं सावित्री को नमस्कार कर प्रदक्षिणा करे|

********

- वट सवित्री व्रत कथा

प्राचीनकाल में मद्रदेश में अश्वपति नाम के एक राजा राज्य करते थे। वे बड़े धर्मात्मा, ब्राह्मणभक्त, सत्यवादी और जितेन्द्रिय थे। राजा को सब प्रकार का सुख था, किन्तु कोई सन्तान नहीं थी। इसलिये उन्होंने सन्तान प्राप्ति की कामना से अठारह वर्षों तक पत्नि सहित सावित्री देवी का विधि पूर्वक व्रत तथा पूजन कठोर तपस्या की। सर्वगुण देवी सावित्री

ने प्रसन्न होकर पुत्री के रूप में अश्वपति के घर जन्म लेने का वर दिया।

यथासमय राजा की बड़ी रानी के गर्भ से एक परम तेजस्विनी सुन्दर कन्या ने जन्म लिया।

राजा ने उस कन्या का नाम सावित्री रखा। राजकन्या शुक्ल पक्ष के चन्द्रमा की भाँति दिनों-दिन बढ़ने लगी। धीरे-धीरे उसने युवावस्था में प्रवेश किया। उसके रूप-लावण्य को जो भी देखता उसपर मोहित हो जाता।

कन्या के युवा होने पर अश्वपति ने सावित्री के विवाह का विचार किया । राजा के विशेष प्रयास करने पर भी सावित्री के योग्य कोई वर नहीं मिला। उन्होंने एक दिन सावित्री से कहा—'बेटी ! अब तुम विवाह के योग्य हो गयी हो, इसलिये स्वयं अपने योग्य वर की खोज करो।'

पिता की आज्ञा स्वीकार कर सावित्री योग्य मन्त्रियों के साथ स्वर्ण-रथपर बैठकर यात्रा के लिये निकली। कुछ दिनों तक ब्रह्मर्षियों और राजर्षियों के तपोवनों और तीर्थों में भ्रमण करने के बाद वह राजमहल में लौट आयी।

उसने पिता के साथ देवर्षि नारद को बैठे देखकर उन दोनों के चरणों में श्रद्धा से प्रणाम किया। महाराज अश्वपति ने सावित्री से उसी यात्रा का समाचार पूछा सावित्री ने कहा—पिताजी ! तपोवन में अपने माता-पिता के साथ निवास कर रहे द्युमत्सेन के पुत्र सत्यवान् सर्वथा मेरे योग्य हैं। अतः सत्यवान की कीर्ति सुनकर उन्हें मैंने पति रूप में वरण कर लिया है | '

नारद जी सत्यवान तथा सावित्री के ग्रहो की गणना कर राजा अश्वति से बोले—'राजन ! सावित्री ने बहुत बड़ी भूल कर दी है। सत्यवान् के पिता शत्रुओं के द्वारा राज्य से वंचित कर दिये गये हैं, वे वन में तपस्वी जीवन व्यतीत कर रहे हैं और अन्धे हो चुके हैं।

सबसे बड़ी कमी यह है कि सत्यवान् की आयु अब केवल एक वर्ष ही शेष है। और सावित्री के बारह वर्ष की आयु होने पर सत्यवान कि मृत्यु हो जायेगी ।'

नारदजी की बात सुनकर राजा अश्वपति व्यग्र हो गये। उन्होंने सावित्री से कहा—'बेटी ! अब तुम फिर से यात्रा करो और किसी दूसरे योग्य वर का वरण करो।'

सावित्री सती थी। उसने दृढ़ता से कहा—'पिताजी ! आर्य कन्या होने के नाते जब मै सत्यवान का वरण कर चुकी हूँ तो अब सत्यवान् चाहे अल्पायु हों या दीर्घायु, अब तो वही मेरे पति बनेंगें। जब मैंने एक बार उन्हें अपना पति स्वीकार कर लिया, फिर मैं दूसरे पुरुष का वरण कैसे कर सकती हूँ ?'

सावित्री का निश्चय दृढ़ जानकर महाराज अश्वपति ने उसका विवाह सत्यवान् से कर दिया। सावित्री ने नारदजी से सत्यवान की मृत्यु का समय ज्ञातकर लिया तथा अपने श्वसुर परिवार के साथ जंगल मे रहने लगी । धीरे-धीरे वह समय भी आ पहुँचा, जिसमें सत्यवान् की मृत्यु निश्चित थी।

सावित्री ने नादरजी द्वारा बताय हुये दिन से तीन दिन पूर्व से ही निराहार व्रत रखना शुरू कर दिया था। नारद द्वारा निश्चित तिथि को पति एवं सास-ससुर की आज्ञा से सावित्री भी उस दिन पति के साथ जंगल में फल-मूल और लकड़ी लेने के लिये गयी।

सत्यवान वन में पहुँचकर लकड़ी काटने के लिए बड़ के पेड़ पर चढा। अचानक वृक्ष से लकड़ी काटते समय सत्यवान् के सिर में भंयकर पीड़ा होने लगी और वह पेड़ से नीचे उतरा।

सावित्री ने उसे बड़ के पेड़ के नीचे लिटा कर उसका सिर अपनी गोद में रख लिया (कही-कही ऐसा भी उल्लेख मिलता हैं कि वट वृक्ष के नीचे लेटे हुए सत्यवान को सर्प ने डस लिया था)।

उसी समय सावित्री को लाल वस्त्र पहने भयंकर आकृति वाला एक पुरुष दिखायी पड़ा। वे साक्षात् यमराज थे। यमराज ने ब्रम्हा के विधान के रूप रेखा सावित्री के सामने स्पष्ट की और सावित्री से कहा—'तू पतिव्रता है।

तेरे पति की आयु समाप्त हो गयी है। मैं इसे लेने आया हूँ।' इतना कहकर देखते ही देखते यमराज ने सत्यवान के शरीर से सूक्ष्म जीवन को निकाला और सत्यवान के प्राणो को लेकर वे दक्षिण दिशा की ओर चल दिये। सावित्री भी सत्यावान को वट वृक्ष के नीचे ही लिटाकर यमराज के पीछे पीछे चल दी। पीछे आती हुई सावित्री को यमराज ने उसे लौट जाने का आदेश दिया।

इस पर वह बोली महराज जहा पति वही पत्नि। यही धर्म है, यही मर्यादा है। सावित्री की बुद्धिमता पूर्ण और धर्मयुक्त बाते सुनकर यमराज का हृदय पिघल गया। सावित्री के धर्म निष्ठा से प्रसन्न होकर यमराज बोले पति के प्राणो से अतिरिक्त कुछ भी माँग लो।

सावित्री ने यमराज से सास-श्वसुर के आँखो ज्योती और दीर्घायु माँगी। यमराज तथास्तु कहकर आगे बढ गए सावित्री भी यमराज का पीछा करते हुये रही।

यमराज ने अपने पीछे आती सावित्री से वापिस लौटे जाने को कहा तो सावित्री बोली पति के बिना नारी के जीवन के कोई सार्थकता नही।

यमराज ने सावित्री के पति व्रत धर्म से खुश होकर पुनः वरदान माँगने के लिये कहा इस बार उसने अपने श्वसुर का राज्य वापिस दिलाने की प्रार्थना की।

तथास्तु कहकर यमराज आगे चल दिए सावित्री अब भी यमराज के पीछे चलती रही इस बार सावित्री ने सौ पुत्रो का वरदान दिया है, पर पति के बिना मैं पुत्रो का वरदान दिया है पर पति के बिना मैं माँ किस प्रकार बन सकती हूँ, अपना यह तीसरा वरदान पूरा कीजिए। सावित्री की धर्मनिष्ठा, ज्ञान, विवेक तथा पतिव्रत धर्म की बात जानकर यमराज ने सत्यवान के प्राणो को अपने पाश से स्वतंत्र कर दिया।

सावित्री सत्यवान के प्राण को लेकर वट वृक्ष के नीचे पहुँची जहाँ सत्यवान के प्राण को लेकर वट वृक्ष के नीचे पहुँची जहाँ सत्यवान का मृत शरीर रखा था। सावित्री ने वट वृक्ष की परिक्रमा की तो सत्यवान जीवित हो उठा।

प्रसन्नचित सावित्री अपने सास-श्वसुर के पास पहुँची तो उन्हे नेत्र ज्योती प्राप्त हो गई इसके बाद उनका खोया हुआ राज्य भी उन्हे मिल गया आगे चलकर सावित्री सौ पुत्रो की माता बनी ।

इस प्रकार सावित्री ने सतीत्व के बल पर न केवल अपने पति को मृत्यु के मुख से छीन लिया बल्कि पतिव्रत धर्म से प्रसन्न कर यमराज से सावित्री ने अपने सास-ससुर की आँखें अच्छी होने के साथ राज्यप्राप्त का वर, पिता को पुत्र-प्राप्ति का वर और स्वयं के लिए पुत्रवती होने के आशीर्वाद भी ले लिया। तथा इस प्रकार चारो दिशाएँ सावित्री के पतिव्रत धर्म के पालन की कीर्ति से गूँज उठी ।

# 13

# महा शिवरात्रि व्रत विधि एवं कथा

- महा शिवरात्रि व्रत विधि एवं कथा

1. महा शिवरात्रि व्रत विधि

भगवान शिव की पूजा-वंदना करने के लिए प्रत्येक माह के कृष्ण पक्ष की चतुर्दशी तिथि (मासिक शिवरात्रि) को व्रत रखा जाता है। लेकिन सबसे बड़ी शिवरात्रि फाल्गुन मास की कृष्ण चतुर्दशी होती है। इसे महाशिवरात्रि भी कहा जाता है। वर्ष 2015 में महाशिवरात्रि का व्रत 17 फरवरी को रखा जाएगा।

- शिवरात्रि व्रत विधि

गरुड़ पुराण के अनुसार शिवरात्रि से एक दिन पूर्व त्रयोदशी तिथि में शिव जी की पूजा करनी चाहिए और व्रत का संकल्प लेना चाहिए। इसके उपरांत चतुर्दशी तिथि को निराहार रहना चाहिए। महाशिवरात्रि के दिन भगवान शिव को जल चढ़ाने से विशेष पुण्य प्राप्त होता है।

शिवरात्रि के दिन भगवान शिव की मूर्ति या शिवलिंग को पंचामृत से स्नान कराकर "ऊं नमो नम: शिवाय" मंत्र से पूजा करनी चाहिए। इसके बाद रात्रि के चारों प्रहर में शिवजी की पूजा करनी चाहिए और अगले दिन प्रात: काल ब्राह्मणों को दान-दक्षिणा देकर व्रत का पारण करना चाहिए।

गरुड़ पुराण के अनुसार इस दिन भगवान शिव को बिल्व पत्र अर्पित करना चाहिए। भगवान शिव को बिल्व पत्र बेहद प्रिय हैं। शिवपुराण के अनुसार भगवान शिव को रुद्राक्ष,

बिल्व पत्र, भांग, शिवलिंग और काशी अतिप्रिय हैं।
*********************************************

• **महाशिवरात्रि की कथा**

पूर्व काल में चित्रभानु नामक एक शिकारी था। जानवरों की हत्या करके वह अपने परिवार को पालता था। वह एक साहूकार का कर्जदार था, लेकिन उसका ऋण समय पर न चुका सका। क्रोधित साहूकार ने शिकारी को शिवमठ में बंदी बना लिया। संयोग से उस दिन शिवरात्रि थी। शिकारी ध्यानमग्न होकर शिव-संबंधी धार्मिक बातें सुनता रहा। चतुर्दशी को उसने शिवरात्रि व्रत की कथा भी सुनी।

शाम होते ही साहूकार ने उसे अपने पास बुलाया और ऋण चुकाने के विषय में बात की। शिकारी अगले दिन सारा ऋण लौटा देने का वचन देकर बंधन से छूट गया। अपनी दिनचर्या की भाँति वह जंगल में शिकार के लिए निकला। लेकिन दिनभर बंदी गृह में रहने के कारण भूख-प्यास से व्याकुल था। शिकार खोजता हुआ वह बहुत दूर निकल गया। जब अंधकार हो गया तो उसने विचार किया कि रात जंगल में ही बितानी पड़ेगी। वह वन एक तालाब के किनारे एक बेल के पेड़ पर चढ़ कर रात बीतने का इंतजार करने लगा।

बिल्व वृक्ष के नीचे शिवलिंग था जो बिल्वपत्रों से ढँका हुआ था। शिकारी को उसका पता न चला। पड़ाव बनाते समय उसने जो टहनियाँ तोड़ीं, वे संयोग से शिवलिंग पर गिरती चली गईं। इस प्रकार दिनभर भूखे-प्यासे शिकारी का व्रत भी हो गया और शिवलिंग पर बिल्वपत्र भी चढ़ गए। एक पहर रात्रि बीत जाने पर एक गर्भिणी हिरणी तालाब पर पानी पीने पहुँची।

शिकारी ने धनुष पर तीर चढ़ाकर ज्यों ही प्रत्यंचा खींची, हिरणी बोली, 'मैं गर्भिणी हूँ। शीघ्र ही प्रसव करूँगी। तुम एक साथ दो जीवों की हत्या करोगे, जो ठीक नहीं है। मैं बच्चे को जन्म देकर शीघ्र ही तुम्हारे समक्ष प्रस्तुत हो जाऊँगी, तब मार लेना।' शिकारी ने प्रत्यंचा ढीली कर दी और हिरणी जंगली झाड़ियों में लुप्त हो गई। प्रत्यंचा चढ़ाने तथा ढीली करने के वक्त कुछ बिल्व पत्र अनायास ही टूट कर शिवलिंग पर गिर गए। इस प्रकार उससे अनजाने में ही प्रथम प्रहर का पूजन भी सम्पन्न हो गया।

कुछ ही देर बाद एक और हिरणी उधर से निकली। शिकारी की प्रसन्नता का ठिकाना न रहा। समीप आने पर उसने धनुष पर बाण चढ़ाया। तब उसे देख हिरणी ने विनम्रतापूर्वक निवेदन किया, 'हे शिकारी! मैं थोड़ी देर पहले ऋतु से निवृत्त हुई हूँ। कामातुर विरहिणी हूँ।

अपने प्रिय की खोज में भटक रही हूँ। मैं अपने पति से मिलकर शीघ्र ही तुम्हारे पास आ जाऊँगी।' शिकारी ने उसे भी जाने दिया। दो बार शिकार को खोकर उसका माथा ठनका। वह चिंता में पड़ गया। रात्रि का आखिरी पहर बीत रहा था। इस बार भी धनुष से लग कर कुछ बेलपत्र शिवलिंग पर जा गिरे तथा दूसरे प्रहर की पूजन भी सम्पन्न हो गई।

तभी एक अन्य हिरणी अपने बच्चों के साथ उधर से निकली। शिकारी के लिए यह स्वर्णिम अवसर था। उसने धनुष पर तीर चढ़ाने में देर नहीं लगाई। वह तीर छोड़ने ही वाला

था कि हिरणी बोली, 'हे शिकारी!' मैं इन बच्चों को इनके पिता के हवाले करके लौट आऊँगी। इस समय मुझे मत मारो। शिकारी हँसा और बोला, सामने आए शिकार को छोड़ दूँ, मैं ऐसा मूर्ख नहीं। इससे पहले मैं दो बार अपना शिकार खो चुका हूँ।

मेरे बच्चे भूख-प्यास से व्यग्र हो रहे होंगे। उत्तर में हिरणी ने फिर कहा, जैसे तुम्हें अपने बच्चों की ममता सता रही है, ठीक वैसे ही मुझे भी। हे शिकारी! मेरा विश्वास करों, मैं इन्हें इनके पिता के पास छोड़कर तुरंत लौटने की प्रतिज्ञा करती हूँ।

हिरणी का दीन स्वर सुनकर शिकारी को उस पर दया आ गई। उसने उस मृगी को भी जाने दिया। शिकार के अभाव में तथा भूख-प्यास से व्याकुल शिकारी अनजाने में ही बेल-वृक्ष पर बैठा बेलपत्र तोड़-तोड़कर नीचे फेंकता जा रहा था। पौ फटने को हुई तो एक हृष्ट-पुष्ट मृग उसी रास्ते पर आया। शिकारी ने सोच लिया कि इसका शिकार वह अवश्य करेगा। शिकारी की तनी प्रत्यंचा देखकर मृग विनीत स्वर में बोला, हे शिकारी!

यदि तुमने मुझसे पूर्व आने वाली तीन मृगियों तथा छोटे-छोटे बच्चों को मार डाला है, तो मुझे भी मारने में विलंब न करो, ताकि मुझे उनके वियोग में एक क्षण भी दुःख न सहना पड़े। मैं उन हिरणियों का पति हूँ। यदि तुमने उन्हें जीवनदान दिया है तो मुझे भी कुछ क्षण का जीवन देने की कृपा करो। मैं उनसे मिलकर तुम्हारे समक्ष उपस्थित हो जाऊँगा।

मृग की बात सुनते ही शिकारी के सामने पूरी रात का घटनाचक्र घूम गया, उसने सारी कथा मृग को सुना दी। तब मृग ने कहा, 'मेरी तीनों पत्नियाँ जिस प्रकार प्रतिज्ञाबद्ध होकर गई हैं, मेरी मृत्यु से अपने धर्म का पालन नहीं कर पाएँगी। अतः जैसे तुमने उन्हें विश्वासपात्र मानकर छोड़ा है, वैसे ही मुझे भी जाने दो। मैं उन सबके साथ तुम्हारे सामने शीघ्र ही उपस्थित होता हूँ।'

शिकारी ने उसे भी जाने दिया। इस प्रकार प्रातः हो आई। उपवास, रात्रि-जागरण तथा शिवलिंग पर बेलपत्र चढ़ने से अनजाने में ही पर शिवरात्रि की पूजा पूर्ण हो गई। पर अनजाने में ही की हुई पूजन का परिणाम उसे तत्काल मिला। शिकारी का हिंसक हृदय निर्मल हो गया। उसमें भगवद्शक्ति का वास हो गया।

थोड़ी ही देर बाद वह मृग सपरिवार शिकारी के समक्ष उपस्थित हो गया, ताकि वह उनका शिकार कर सके।, किंतु जंगली पशुओं की ऐसी सत्यता, सात्विकता एवं सामूहिक प्रेमभावना देखकर शिकारी को बड़ी ग्लानि हुई। उसने मृग परिवार को जीवनदान दे दिया।

अनजाने में शिवरात्रि के व्रत का पालन करने पर भी शिकारी को मोक्ष की प्राप्ति हुई। जब मृत्यु काल में यमदूत उसके जीव को ले जाने आए तो शिवगणों ने उन्हें वापस भेज दिया तथा शिकारी को शिवलोक ले गए। शिव जी की कृपा से ही अपने इस जन्म में राजा चित्रभानु अपने पिछले जन्म को याद रख पाए तथा महाशिवरात्रि के महत्व को जान कर उसका अगले जन्म में भी पालन कर पाए।

**************************

- शिवकथा का संदेश

शिकारी की कथानुसार महादेव तो अनजाने में किए गए व्रत का भी फल दे देते हैं। पर वास्तव में महादेव शिकारी की दया भाव से प्रसन्न हुए। अपने परिवार के कष्ट का ध्यान होते हुए भी शिकारी ने मृग परिवार को जाने दिया। यह करुणा ही वस्तुत: उस शिकारी को उन पण्डित एवं पूजारियों से उत्कृष्ट बना देती है जो कि सिर्फ रात्रि जागरण, उपवास एवं दूध, दही, एवं बेल-पत्र आदि द्वारा शिव को प्रसन्न कर लेना चाहते हैं। इस कथा में सबसे महत्वपूर्ण बात यह है कि इस कथा में 'अनजाने में हुए पूजन' पर विशेष बल दिया गया है। इसका अर्थ यह नहीं है कि शिव किसी भी प्रकार से किए गए पूजन को स्वीकार कर लेते हैं अथवा भोलेनाथ जाने या अनजाने में हुए पूजन में भेद नहीं कर सकते हैं।

वास्तव में वह शिकारी शिव पूजन नहीं कर रहा था। इसका अर्थ यह भी हुआ कि वह किसी तरह के किसी फल की कामना भी नहीं कर रहा था। उसने मृग परिवार को समय एवं जीवन दान दिया जो कि शिव पूजन के समान है। शिव का अर्थ ही कल्याण होता है। उन निरीह प्राणियों का कल्याण करने के कारण ही वह शिव तत्व को जान पाया तथा उसका शिव से साक्षात्कार हुआ।

परोपकार करने के लिए महाशिवरात्रि का दिवस होना भी आवश्यक नहीं है। पुराण में चार प्रकार के शिवरात्रि पूजन का वर्णन है।मासिक शिवरात्रि, प्रथम आदि शिवरात्रि, तथा महाशिवरात्रि। पुराण वर्णित अंतिम शिवरात्रि है-नित्य शिवरात्रि। वस्तुत: प्रत्येक रात्रि ही 'शिवरात्रि' है अगर हम उन परम कल्याणकारी आशुतोष भगवान में स्वयं को लीन कर दें तथा कल्याण मार्ग का अनुसरण करें, वही शिवरात्रि का सच्चा व्रत है।

# 14

# छठ पूजा व्रत कथा विधि

- छठ पूजा व्रत कथा विधि

1. सूर्य षष्टी महात्मय

भगवान सूर्य जिन्हें आदित्य भी कहा जाता है वास्तव एक मात्र प्रत्यक्ष देवता हैं. इनकी रोशनी से ही प्रकृति में जीवन चक्र चलता है. इनकी किरणों से ही धरती में प्राण का संचार होता है और फल, फूल, अनाज, अंड और शुक्र का निर्माण होता है. यही वर्षा का आकर्षण करते हैं और ऋतु चक्र को चलाते हैं. भगवान सूर्य की इस अपार कृपा के लिए श्रद्धा पूर्वक समर्पण और पूजा उनके प्रति कृतज्ञता को दर्शाता है.

सूर्य षष्टी या छठ व्रत इन्हीं आदित्य सूर्य भगवान को समर्पित है. इस महापर्व में सूर्य नारायण के साथ देवी षष्टी की पूजा भी होती है. दोनों ही दृष्टि से इस पर्व की अलग अलग कथा एवं महात्मय है. सबसे पहले आप षष्टी देवी की कथा सुनिये.

*******************************************

- छठ व्रत कथा

एक थे राजा प्रियव्रत उनकी पत्नी थी मालिनी. राजा रानी निःसंतान होने से बहुत दुःखी थे. उन्होंने महर्षि कश्यप से पुत्रेष्ठि यज्ञ करवाया. यज्ञ के प्रभाव से मालिनी गर्भवती हुई परंतु न महीने बाद जब उन्होंने बालक को जन्म दिया तो वह मृत पैदा हुआ. प्रियव्रत इस से अत्यंत दुःखी हुए और आत्म हत्या करने हेतु तत्पर हुए.

प्रियव्रत जैसे ही आत्महत्या करने वाले थे उसी समय एक देवी वहां प्रकट हुई. देवी ने कहा प्रियव्रत मैं षष्टी देवी हूं. मेरी पूजा आराधना से पुत्र की प्राप्ति होती है, मैं सभी प्रकार की मनोकामना पूर्ण करने वाली हूं. अतः तुम मेरी पूजा करो तुम्हे पुत्र रत्न की प्राप्ति होगी.

राजा ने देवी की आज्ञा मान कर कार्तिक शुक्ल षष्टी तिथि को देवी षष्टी की पूजा की जिससे उन्हें पुत्र की प्राप्ति हुई. इस दिन से ही छठ व्रत का अनुष्ठान चला आ रहा है.

एक अन्य मान्यता के अनुसार भगवान श्रीरामचन्द्र जी जब अयोध्या लटकर आये तब राजतिलक के पश्चात उन्होंने माता सीता के साथ कार्तिक शुक्ल षष्ठी तिथि को सूर्य देवता की व्रतोपासना की और उस दिन से जनसामान्य में यह पर्व मान्य हो गया और दिनानुदिन इस त्यहार की महत्ता बढ़ती गई व पूर्ण आस्था एवं भक्ति के साथ यह त्यहार मनाया जाने लगा.

******************************************

- छठ व्रत विधि

इस त्यहार को बिहार, झारखंड, उत्तरप्रदेश एवं भारत के पड़ोसी देश नेपाल में हर्षोल्लास एवं नियम निष्ठा के साथ मनाया जाता है. इस त्यहार की यहां बड़ी मान्यता है. इस महापर्व में देवी षष्ठी माता एवं भगवान सूर्य को प्रसन्न करने के लिए स्त्री और पुरुष दोनों ही व्रत रखते हैं.

व्रत चर दिनो का होता है पहले दिन यानी चतुर्थी को आत्म शुद्धि हेतु व्रत करने वाले केवल अरवा खाते हैं यानी शुद्ध आहार लेते हैं. पंचमी के दिन नहा खा होता है यानी स्नान करके पूजा पाठ करके संध्या काल में गुड़ और नये चावल से खीर बनाकर फल और मिष्टान से छठी माता की पूजा की जाती है फिर व्रत करने वाले कुमारी कन्याओं को एवं ब्रहमणों को भोजन करवाकर इसी खीर को प्रसाद के तर पर खाते हैं.

षष्टी के दिन घर में पवित्रता एवं शुद्धता के साथ उत्तम पकवान बनाये जाते हैं. संध्या के समय पकवानों को बड़े बड़े बांस के डालों में भरकर जलाशय के निकट यानी नदी, तालाब, सरोवर पर ले जाया जाता है. इन जलाशयों में ईख का घर बनाकर उनपर दीया जालाया जाता है.

व्रत करने वाले जल में स्नान कर इन डालों को उठाकर डूबते सूर्य एवं षष्टी माता को आर्घ्य देते हैं. सूर्यास्त के पश्चात लोग अपने अपने घर वापस आ जाते हैं. रात भर जागरण किया जाता है. सप्तमी के दिन सुबह ब्रहम मुहूर्त में पुन: संध्या काल की तरह डालों में पकवान, नारियल, केला, मिठाई भर कर नदी तट पर लोग जमा होते हैं. व्रत करने वाले सुबह के समय उगते सूर्य को आर्घ्य देते हैं.

अंकुरित चना हाथ में लेकर षष्ठी व्रत की कथा कही और सुनी जाती है. कथा के बाद प्रसाद वितरण किया जाता है और फिर सभी अपने अपने घर लट आते हैं. व्रत करने वाले इस दिन परायण करते हैं.

इस पर्व के विषय में मान्यता यह है कि जो भी षष्टी माता और सूर्य देव से इस दिन मांगा जाता है वह मुराद पूरी होती है. इस अवसर पर मुराद पूरी होने पर बहुत से लोग सूर्य देव को दंडवत प्रणाम करते हैं. सूर्य को दंडवत प्रणाम करने का व्रत बहुत ही कठिन होता है, लोग

अपने घर में कुल देवी या देवता को प्रणाम कर नदी तट तक दंड देते हुए जाते हैं.

दंड की प्रक्रिया इस प्रकार से है पहले सीधे खडे होकर सूर्य देव को प्रणाम किया जाता है फिर पेट की ओर से ज़मीन पर लेटकर दाहिने हाथ से ज़मीन पर एक रेखा खींची जाती है. यही प्रक्रिया नदी तट तक पहुंचने तक बार बार दुहरायी जाती है.

# 15

# साई बाबा व्रत कथा

- साई बाबा व्रत कथा

एक शहर में कोकिला नाम की स्त्री और उसके पति महेशभाई रहते थे. दोनों का वैवाहिक जीवन सुखमय था. दोनों में आपस में स्नेह और प्रेम था. पर महेश भाई कभी कभार झगडा करने की आदत थी. परन्तु कोकिला अपने पति के क्रोध का बुरा न मानती थी.

वह धार्मिक आस्था और विश्वास वाली महिला थी. उसके पति का काम-धंधा भी बहुत अच्छा नहीं था. इस कारण वह अपना अधिकतर समय अपने घर पर ही व्यतीत करता था. समय के साथ काम में और कमी होने पर उसके स्वभाव में और अधिक चिडचिडापन रहने लगा.

एक दिन दोपहर के समय कोकिला के दरवाजे पर एक वृद्ध महाराज आयें. उनके चेहरे पर गजब का तेज था. वृद्ध महाराज के भिक्षा मांगने पर उसे दाल-चावल दियें. और दोनों हाथोम से उस वृद्ध बाबा को नमस्कार किया.

बाबा के आशिर्वाद देने पर कोकिला के मन का दु:ख उसकी आंखों से छलकने लगा. इस पर बाबा ने कोकिला को श्री साई व्रत के बारे में बताया और कहा कि इस व्रत को 9 गुरुवार तक एक समय भोजन करके करना है. पूर्ण विधि-विधान से पूजा करने, और साईबाबा पर अट्टू श्रद्वा रखना. तुम्हारी मनोकामना जरूर पूरी होगी.

महाराज के बताये अनुसार कोकिला ने व्रत गुरुवार के दिन साई बाबा का व्रत किया. और 9वेम गुरुवार को गरीबों को भोजन भी दिया. साथ ही साई पुस्तकें भेंट स्वरुप दी. ऎसा करने से उसके घर के झगडे दूर हो गयें और उसके घर की सुख शान्ति में वृद्धि हुई. इसके बाद दोनों का जीवन सुखमय हो गया.

एक बार उसकी जेठानी ने बातों-बातों में उसे बताया, कि उसके बच्चे पढाई नहीं करते यही कारण है. कि परीक्षा में वे फेल हो जाते है. कोकिला बहन ने अपनी जेठानी को श्री साई बाबा के 9 व्रत का महत्व बताया. कोकिला बहन के बताये अनुसार जेठानी ने साई व्रत का

पालन किया. उसके थोडे ही दिनों में उसके बच्चे पढाई करने लगें. और बहुत अच्छे अंकों से पास हुए.

************************************************

* **साई बाबा 9 गुरुवार व्रत**

साई बाबा व्रत को कोई भी साधारण जन कर सकता है. यहां तक की बच्चे भी इस व्रत को कर सकते है. साई बाबा अपने भक्तों में किसी प्रकार का कोई भेद भाव नहीं करते है. उनकी शरण में अमीर-गरीब या किसी भी वर्ग का व्यक्ति आये उसकी कार्य सिद्धि अवशय पूरी होती है. साई बाबा व्रत एक बार शुरु करने के बाद नियमित रुप से 9 गुरुवार तक किया जाता है. इस व्रत को कोई भी व्यक्ति साई बाबा का नाम लेकर शुरु कर सकता है.

व्रत करने के लिये प्रातः स्नान करने के बाद साई बाबा की फोटो की पूजा कि जाती है. साई बाबा की फोटों लगाने के लिये सबसे पहले पीले रंग का वस्त्र बिछाया जाता है. इस पर साई बाबा की प्रतिमा या फोटो लगाई जाती है. इसे स्वच्छ पानी से पोंछ कर इसपर चंदन का तिलक लगाया जाता है.

साई बाबा की फोटों पर पीले फूलों का हार चढाना चाहिए. अगरबती और दीपक जलाकर साई व्रत की कथा पढनी चाहिए. और साई बाबा का स्मरण करना चाहिए. इसके बाद बेसन के लड्डूओं का प्रसाद बांटा जाता है. इस व्रत को फलाहार ग्रहण करके किया जा सकता है. या फिर के समय में भोजन करके किया जा सकता है. इस व्रत में कुछ न कुछ खाना जरुरी है, भूखे रहकर इस व्रत को नहीं किया जाता है.

इस प्रकार व्रत करने के बाद 9 गुरुवार तक साई बाबा के मंदिर जाकर दर्शन करना भी शुभ रहता है. घर के निकट साई बाबा मंदिर न होने पर घर में भी साई फोटों की पूरी श्रद्वा से पूजा करनी चाहिए. किसी भी स्थान पर हों, व्रत की संख्या 9 होने से पूर्व इसे मध्य में नहीं छोडना चाहिए.

************************************************

* **साई बाबा व्रत उद्धापन**

शिरडी के साई बाबा के व्रत की संख्या 9 हो जाने पर अंतिम व्रत के दिन पांच गरीब व्यक्तियों को भोजन और सामर्थ्य अनुसार दान देना चाहिए. इसके साथ ही साई बाबा की कृपा का प्रचार करने के लिये 7, 11, 21 साई पुस्तकें, अपने आस-पास के लोगों में बांटनी चाहिए. इस प्रकार इस व्रत को समाप्त किया जाता है.

****************************************************

* **शिरडी साई बाबा चमत्कार**

भारत प्राचीन काल से ही धार्मिक आस्था और पूजा-उपासना में विश्वास करने वाला देश रहा है. यहां कई धर्म और वर्ग और संस्कृतियां अलग – अलग होकर भी एक साथ रहती है. इसके साथ ही भारत में अनेक संत-महापुरुषों ने जन्म लिया. कई संतों के द्वारा किये गये चमत्कार आज भी चर्चा का विषय रहे है.

शिरडी के साई बाबा के चमत्कार की अनेक कथाएं प्रचलित है. शिरडी के साई बाबा पर देश के करोडों लोगों की अगाध श्रद्धा है. सभी धर्मो के लोग यहां साई बाबा दर्शन के लिये आते है. यही कारण है कि साई बाबा संस्थान की प्रसिद्धि भी इसके साथ ही बढती जा रही है.

यह साई बाबा का चमत्कार नहीं तो और क्या है. कि आज भी देश भर में बाबा के नाम पर छोटे बडे अस्सी हजार से अधिक मंदिर हो गये है.

**********************************************

- आरती

आरती श्री साईं गुरुवर की |
परमानन्द सदा सुरवर की ||
जा की कृपा विपुल सुखकारी |
दुःख, शोक, संकट, भयहारी ||
शिरडी में अवतार रचाया |
चमत्कार से तत्व दिखाया ||
कितने भक्त चरण पर आये |
वे सुख शान्ति चिरंतन पाये ||
भाव धरै जो मन में जैसा |
पावत अनुभव वो ही वैसा ||
गुरु की उदी लगावे तन को |
समाधान लाभत उस मन को ||
साईं नाम सदा जो गावे |
सो फल जग में शाश्वत पावे ||
गुरुवासर करि पूजा - सेवा |
उस पर कृपा करत गुरुदेवा ||
राम, कृष्ण, हनुमान रूप में |
दे दर्शन, जानत जो मन में ||
विविध धर्म के सेवक आते |
दर्शन कर इच्छित फल पाते ||
जै बोलो साई बाबा की |

जो बोलो अवधूत गुरु की ||
'साईंदास' आरती को गावे |
घर में बसि सुख, मंगल पावे ||

# 16

# महालक्ष्मी व्रत विधि और कथा

- महालक्ष्मी व्रत विधि और कथा

- श्री महालक्ष्मी व्रत विधि

सबसे पहले प्रात:काल में स्नान आदि कार्यों से निवृत्त होकर, व्रत का संकल्प लिया जाता है. व्रत का संकल्प लेते समय निम्न मंत्र का उच्चारण किया जाता है.

करिष्यऽहं महालक्ष्मि व्रतमें त्वत्परायणा ।

तदविध्नेन में यातु समप्तिं स्वत्प्रसादतः ।।

अर्थात हे देवी, मैं आपकी सेवा में तत्पर होकर आपके इस महाव्रत का पालन करूंगा. आपकी कृपा से यह व्रत बिना विध्नों के परिपूर्ण हों, ऐसी कृपा करें.

यह कहकर अपने हाथ की कलाई में बना हुआ डोरा बांध लें, जिसमें 16 गांठे लगी हों, बांध लेना चाहिए. प्रतिदिन आश्चिन मास की किशंपक्ष की अष्टमी तक यह व्रत किया जाता है. और पूजा की जाती है. व्रत पूरा हो जाने पर वस्त्र से एक मंडप बनाया जाता है. उसमें लक्ष्मी जी की प्रतिमा रखी जाती है.

श्री लक्ष्मी को पंचामृत से स्नान कराया जाता है. और फिर उसका सोलह प्रकार से पूजन किया जाता है. इसके बाद व्रत करने वाले उपवासक को ब्रह्माणों को भोजन कराया जाता है. और दान- दक्षिणा दी जाती है.

पूजन सामग्री में चन्दन, ताल, पत्र, पुष्प माला, अक्षत, दूर्वा, लाल सूत, सुपारी, नारियल तथा नाना प्रकार के भोग रखे जाते है. नये सूत 16-16 की संख्या में 16 बार रखा जाता है. इसके बाद निम्न मंत्र का उच्चारण किया जाता है.

क्षीरोदार्णवसम्भूता लक्ष्मीश्चन्द्र सहोदरा ।

व्रतोनानेत सन्तुष्टा भवतादि्वष्णुबल्लभा ।।

अर्थात क्षीर सागर से प्रकट हुई लक्ष्मी जी, चन्दमा की सहोदर, श्री विष्णु वल्लभा, महालक्ष्मी इस व्रत से संतुष्ट हो. इसके बाद चार ब्राह्माण और 16 ब्राह्माणियों को भोजन करना चाहिए. इस प्रकार यह व्रत पूरा होता है.

इस प्रकार जो इस व्रत को करता है, उसे अष्ट लक्ष्मी की प्राप्ति होती है.

16वें दिन इस व्रत का उद्धयापन किया जाता है. जो व्यक्ति किसी कारण से इस व्रत को 16 दिनों तक न कर पायें, वह 3 दिन तक भी इस व्रत को कर सकता है. व्रत के तीन दोनों में प्रथम दिन, व्रत का आंठवा दिन व व्रत के 16वें दिन का प्रयोग किया जा सकता है.

इस व्रत को लगातार 16 वर्षों तक करने से विशेष शुभ फल प्राप्त होते है. इस व्रत में अन्न ग्रहण नहीं करना चाहिए. केवल फल, दूध, मिठाई का सेवन किया जा सकता है.

***************************************************

- महालक्ष्मी व्रत कथा

प्राचीन समय की बात है, कि एक बार एक गांव में एक गरीब ब्राह्माण रहता था. वह ब्राह्माण नियमित रुप से श्री विष्णु का पूजन किया करता था. उसकी पूजा-भक्ति से प्रसन्न होकर उसे भगवान श्री विष्णु ने दर्शन दिये. और ब्राह्माण से अपनी मनोकामना मांगने के लिये कहा, ब्राह्माण ने लक्ष्मी जी का निवास अपने घर में होने की इच्छा जाहिर की.

यह सुनकर श्री विष्णु जी ने लक्ष्मी जी की प्राप्ति का मार्ग ब्राह्माण को बता दिया, मंदिर के सामने एक स्त्री आती है,जो यहां आकर उपले थापती है, तुम उसे अपने घर आने का आमंत्रण देना. वह स्त्री ही देवी लक्ष्मी है.

देवी लक्ष्मी जी के तुम्हारे घर आने के बार तुम्हारा घर धन और धान्य से भर जायेगा. यह कहकर श्री विष्णु जी चले गये. अगले दिन वह सुबह चार बचए ही वह मंदिर के सामने बैठ गया. लक्ष्मी जी उपले थापने के लिये आईं, तो ब्राह्माण ने उनसे अपने घर आने का निवेदन किया.

ब्राह्माण की बात सुनकर लक्ष्मी जी समझ गई, कि यह सब विष्णु जी के कहने से हुआ है. लक्ष्मी जी ने ब्राह्माण से कहा की तुम महालक्ष्मी व्रत करो, 16 दिनों तक व्रत करने और सोलहवें दिन रात्रि को चन्द्रमा को अर्ध्य देने से तुम्हारा मनोरथ पूरा होगा.

ब्राह्माण ने देवी के कहे अनुसार व्रत और पूजन किया और देवी को उत्तर दिशा की ओर मुंह करके पुकारा, लक्ष्मी जी ने अपना वचन पूरा किया. उस दिन से यह व्रत इस दिन, उपरोक्त विधि से पूरी श्रद्वा से किया जाता है.

जय माँ महालक्ष्मी

*********************************************

- आरती

ॐ जय लक्ष्मी माता,

मैया जय लक्ष्मी माता

तुम को निस दिन सेवत,

मैयाजी को निस दिन सेवत

हर विष्णु विधाता .

ॐ जय लक्ष्मी माता ..

उमा रमा ब्रह्माणी,

तुम ही जग माता

ओ मैया तुम ही जग माता .

सूर्य चन्द्र माँ ध्यावत,

नारद ऋषि गाता

ॐ जय लक्ष्मी माता ..

दुर्गा रूप निरन्जनि, सुख सम्पति दाता

ओ मैया सुख सम्पति दाता .

जो कोई तुम को ध्यावत, ऋद्धि सिद्धि धन पाता

ॐ जय लक्ष्मी माता ..

तुम पाताल निवासिनि, तुम ही शुभ दाता

ओ मैया तुम ही शुभ दाता .

कर्म प्रभाव प्रकाशिनि, भव निधि की दाता

ॐ जय लक्ष्मी माता ..

जिस घर तुम रहती तहँ सब सद्गुण आता

ओ मैया सब सद्गुण आता .

सब संभव हो जाता, मन नहीं घबराता

ॐ जय लक्ष्मी माता ..

तुम बिन यज्ञ न होते, वस्त्र न कोई पाता

ओ मैया वस्त्र न कोई पाता .

खान पान का वैभव, सब तुम से आता

ॐ जय लक्ष्मी माता ..

शुभ गुण मंदिर सुंदर, क्षीरोदधि जाता

ओ मैया क्षीरोदधि जाता .

रत्न चतुर्दश तुम बिन, कोई नहीं पाता

ॐ जय लक्ष्मी माता ..

महा लक्ष्मीजी की आरती, जो कोई जन गाता

ओ मैया जो कोई जन गाता .

उर आनंद समाता, पाप उतर जाता
ॐ जय लक्ष्मी माता ..

# 17

# देवउठनी एकादशी व्रत कथा

- देवउठनी एकादशी व्रत कथा

कार्तिक माह की शुक्ल पक्ष की एकादशी को देवउठनी एकादशी कहा जाता है। इसे देवोत्थान एकादशी, देवउठनी ग्यारस, प्रबोधिनी एकादशी आदि नामों से भी जाना जाता है।

एक राजा के राज्य में सभी लोग एकादशी का व्रत रखते थे। प्रजा तथा नौकर-चाकरों से लेकर पशुओं तक को एकादशी के दिन अन्न नहीं दिया जाता था।

एक दिन किसी दूसरे राज्य का एक व्यक्ति राजा के पास आकर बोला- महाराज! कृपा करके मुझे नौकरी पर रख लें। तब राजा ने उसके सामने एक शर्त रखी कि ठीक है, रख लेते हैं। किन्तु रोज तो तुम्हें खाने को सब कुछ मिलेगा, पर एकादशी को अन्न नहीं मिलेगा।

उस व्यक्ति ने उस समय 'हाँ' कर ली, पर एकादशी के दिन जब उसे फलाहार का सामान दिया गया तो वह राजा के सामने जाकर गिड़गिड़ाने लगा- महाराज! इससे मेरा पेट नहीं भरेगा। मैं भूखा ही मर जाऊँगा। मुझे अन्न दे दो।

राजा ने उसे शर्त की बात याद दिलाई, पर वह अन्न छोड़ने को राजी नहीं हुआ, तब राजा ने उसे आटा-दाल-चावल आदि दिए। वह नित्य की तरह नदी पर पहुँचा और स्नान कर भोजन पकाने लगा। जब भोजन बन गया तो वह भगवान को बुलाने लगा- आओ भगवान! भोजन तैयार है।

पंद्रह दिन बाद अगली एकादशी को वह राजा से कहने लगा कि महाराज, मुझे दुगुना सामान दीजिए। उस दिन तो मैं भूखा ही रह गया। राजा ने कारण पूछा तो उसने बताया कि हमारे साथ भगवान भी खाते हैं। इसीलिए हम दोनों के लिए ये सामान पूरा नहीं होता।

बुलाने पर पीताम्बर धारण किए भगवान चतुर्भुज रूप में आ पहुँचे तथा प्रेम से उसके साथ भोजन करने लगे। भोजनादि करके भगवान अंतर्धान हो गए तथा वह अपने काम पर चला गया।

पंद्रह दिन बाद अगली एकादशी को वह राजा से कहने लगा कि महाराज, मुझे दुगुना सामान दीजिए। उस दिन तो मैं भूखा ही रह गया। राजा ने कारण पूछा तो उसने बताया कि हमारे साथ भगवान भी खाते हैं। इसीलिए हम दोनों के लिए ये सामान पूरा नहीं होता।

यह सुनकर राजा को बड़ा आश्चर्य हुआ। वह बोला- मैं नहीं मान सकता कि भगवान तुम्हारे साथ खाते हैं। मैं तो इतना व्रत रखता हूँ, पूजा करता हूँ, पर भगवान ने मुझे कभी दर्शन नहीं दिए।

राजा की बात सुनकर वह बोला- महाराज! यदि विश्वास न हो तो साथ चलकर देख लें। राजा एक पेड़ के पीछे छिपकर बैठ गया। उस व्यक्ति ने भोजन बनाया तथा भगवान को शाम तक पुकारता रहा, परंतु भगवान न आए। अंत में उसने कहा- हे भगवान! यदि आप नहीं आए तो मैं नदी में कूदकर प्राण त्याग दूँगा।

लेकिन भगवान नहीं आए, तब वह प्राण त्यागने के उद्देश्य से नदी की तरफ बढ़ा। प्राण त्यागने का उसका दृढ़ इरादा जान शीघ्र ही भगवान ने प्रकट होकर उसे रोक लिया और साथ बैठकर भोजन करने लगे। खा-पीकर वे उसे अपने विमान में बिठाकर अपने धाम ले गए।

यह देख राजा ने सोचा कि व्रत-उपवास से तब तक कोई फायदा नहीं होता, जब तक मन शुद्ध न हो। इससे राजा को ज्ञान मिला। वह भी मन से व्रत-उपवास करने लगा और अंत में स्वर्ग को प्राप्त हुआ।

इति शुभम्।

# 18

# श्रावण सोमवार पौराणिक व्रत कथा

- श्रावण सोमवार पौराणिक व्रत कथा

श्रावण सोमवार की कथा के अनुसार अमरपुर नगर में एक धनी व्यापारी रहता था। दूर-दूर तक उसका व्यापार फैला हुआ था। नगर में उस व्यापारी का सभी लोग मान-सम्मान करते थे। इतना सबकुछ होने पर भी वह व्यापारी अंतर्मन से बहुत दुखी था क्योंकि उस व्यापारी का कोई पुत्र नहीं था।

दिन-रात उसे एक ही चिंता सताती रहती थी। उसकी मृत्यु के बाद उसके इतने बड़े व्यापार और धन-संपत्ति को कौन संभालेगा।

पुत्र पाने की इच्छा से वह व्यापारी प्रति सोमवार भगवान शिव की व्रत-पूजा किया करता था। सायंकाल को व्यापारी शिव मंदिर में जाकर भगवान शिव के सामने घी का दीपक जलाया करता था।

उस व्यापारी की भक्ति देखकर एक दिन पार्वती ने भगवान शिव से कहा- 'हे प्राणनाथ, यह व्यापारी आपका सच्चा भक्त है। कितने दिनों से यह सोमवार का व्रत और पूजा नियमित कर रहा है। भगवान, आप इस व्यापारी की मनोकामना अवश्य पूर्ण करें।'

भगवान शिव ने मुस्कराते हुए कहा- 'हे पार्वती! इस संसार में सबको उसके कर्म के अनुसार फल की प्राप्ति होती है। प्राणी जैसा कर्म करते हैं, उन्हें वैसा ही फल प्राप्त होता है।'

इसके बावजूद पार्वतीजी नहीं मानीं। उन्होंने आग्रह करते हुए कहा- 'नहीं प्राणनाथ! आपको इस व्यापारी की इच्छा पूरी करनी ही पड़ेगी। यह आपका अनन्य भक्त है।

प्रति सोमवार आपका विधिवत व्रत रखता है और पूजा-अर्चना के बाद आपको भोग लगाकर एक समय भोजन ग्रहण करता है। आपको इसे पुत्र-प्राप्ति का वरदान देना ही होगा।'

पार्वती का इतना आग्रह देखकर भगवान शिव ने कहा- 'तुम्हारे आग्रह पर मैं इस व्यापारी को पुत्र-प्राप्ति का वरदान देता हूं। लेकिन इसका पुत्र 16 वर्ष से अधिक जीवित नहीं रहेगा।'

उसी रात भगवान शिव ने स्वप्न में उस व्यापारी को दर्शन देकर उसे पुत्र-प्राप्ति का वरदान दिया और उसके पुत्र के 16 वर्ष तक जीवित रहने की बात भी बताई।

भगवान के वरदान से व्यापारी को खुशी तो हुई, लेकिन पुत्र की अल्पायु की चिंता ने उस खुशी को नष्ट कर दिया। व्यापारी पहले की तरह सोमवार का विधिवत व्रत करता रहा। कुछ महीने पश्चात उसके घर अति सुंदर पुत्र उत्पन्न हुआ। पुत्र जन्म से व्यापारी के घर में खुशियां भर गईं। बहुत धूमधाम से पुत्र-जन्म का समारोह मनाया गया।

व्यापारी को पुत्र-जन्म की अधिक खुशी नहीं हुई क्योंकि उसे पुत्र की अल्प आयु के रहस्य का पता था। यह रहस्य घर में किसी को नहीं मालूम था। विद्वान ब्राह्मणों ने उस पुत्र का नाम अमर रखा।

जब अमर 12 वर्ष का हुआ तो शिक्षा के लिए उसे वाराणसी भेजने का निश्चय हुआ। व्यापारी ने अमर के मामा दीपचंद को बुलाया और कहा कि अमर को शिक्षा प्राप्त करने के लिए वाराणसी छोड़ आओ। अमर अपने मामा के साथ शिक्षा प्राप्त करने के लिए चल दिया। रास्ते में जहां भी अमर और दीपचंद रात्रि विश्राम के लिए ठहरते, वहीं यज्ञ करते और ब्राह्मणों को भोजन कराते थे।

लंबी यात्रा के बाद अमर और दीपचंद एक नगर में पहुंचे। उस नगर के राजा की कन्या के विवाह की खुशी में पूरे नगर को सजाया गया था। निश्चित समय पर बारात आ गई लेकिन वर का पिता अपने बेटे के एक आंख से काने होने के कारण बहुत चिंतित था। उसे इस बात का भय सता रहा था कि राजा को इस बात का पता चलने पर कहीं वह विवाह से इनकार न कर दें। इससे उसकी बदनामी होगी।

वर के पिता ने अमर को देखा तो उसके मस्तिष्क में एक विचार आया। उसने सोचा क्यों न इस लड़के को दूल्हा बनाकर राजकुमारी से विवाह करा दूं। विवाह के बाद इसको धन देकर विदा कर दूंगा और राजकुमारी को अपने नगर में ले जाऊंगा।

वर के पिता ने इसी संबंध में अमर और दीपचंद से बात की। दीपचंद ने धन मिलने के लालच में वर के पिता की बात स्वीकार कर ली। अमर को दूल्हे के वस्त्र पहनाकर राजकुमारी चंद्रिका से विवाह करा दिया गया। राजा ने बहुत-सा धन देकर राजकुमारी को विदा किया।

अमर जब लौट रहा था तो सच नहीं छिपा सका और उसने राजकुमारी की ओढ़नी पर लिख दिया- 'राजकुमारी चंद्रिका, तुम्हारा विवाह तो मेरे साथ हुआ था, मैं तो वाराणसी में शिक्षा प्राप्त करने जा रहा हूं। अब तुम्हें जिस नवयुवक की पत्नी बनना पड़ेगा, वह काना है।'

जब राजकुमारी ने अपनी ओढ़नी पर लिखा हुआ पढ़ा तो उसने काने लड़के के साथ जाने से इनकार कर दिया। राजा ने सब बातें जानकर राजकुमारी को महल में रख लिया। उधर अमर अपने मामा दीपचंद के साथ वाराणसी पहुंच गया। अमर ने गुरुकुल में पढ़ना शुरू कर दिया।

जब अमर की आयु 16 वर्ष पूरी हुई तो उसने एक यज्ञ किया। यज्ञ की समाप्ति पर ब्राह्मणों को भोजन कराया और खूब अन्न, वस्त्र दान किए। रात को अमर अपने शयनकक्ष में सो गया। शिव के वरदान के अनुसार शयनावस्था में ही अमर के प्राण-पखेरू उड़ गए। सूर्योदय पर मामा अमर को मृत देखकर रोने-पीटने लगा। आसपास के लोग भी एकत्र होकर दुख प्रकट करने लगे।

मामा के रोने, विलाप करने के स्वर समीप से गुजरते हुए भगवान शिव और माता पार्वती ने भी सुने। पार्वतीजी ने भगवान से कहा- 'प्राणनाथ! मुझसे इसके रोने के स्वर सहन नहीं हो रहे। आप इस व्यक्ति के कष्ट अवश्य दूर करें।'

भगवान शिव ने पार्वतीजी के साथ अदृश्य रूप में समीप जाकर अमर को देखा तो पार्वतीजी से बोले- 'पार्वती! यह तो उसी व्यापारी का पुत्र है। मैंने इसे 16 वर्ष की आयु का वरदान दिया था। इसकी आयु तो पूरी हो गई।'

पार्वतीजी ने फिर भगवान शिव से निवेदन किया- 'हे प्राणनाथ! आप इस लड़के को जीवित करें। नहीं तो इसके माता-पिता पुत्र की मृत्यु के कारण रो-रोकर अपने प्राणों का त्याग कर देंगे। इस लड़के का पिता तो आपका परम भक्त है। वर्षों से सोमवार का व्रत करते हुए आपको भोग लगा रहा है।'

पार्वती के आग्रह करने पर भगवान शिव ने उस लड़के को जीवित होने का वरदान दिया और कुछ ही पल में वह जीवित होकर उठ बैठा।

शिक्षा समाप्त करके अमर मामा के साथ अपने नगर की ओर चल दिया। दोनों चलते हुए उसी नगर में पहुंचे, जहां अमर का विवाह हुआ था। उस नगर में भी अमर ने यज्ञ का आयोजन किया। समीप से गुजरते हुए नगर के राजा ने यज्ञ का आयोजन देखा।

राजा ने अमर को तुरंत पहचान लिया। यज्ञ समाप्त होने पर राजा अमर और उसके मामा को महल में ले गया और कुछ दिन उन्हें महल में रखकर बहुत-सा धन, वस्त्र देकर राजकुमारी के साथ विदा किया।

रास्ते में सुरक्षा के लिए राजा ने बहुत से सैनिकों को भी साथ भेजा। दीपचंद ने नगर में पहुंचते ही एक दूत को घर भेजकर अपने आगमन की सूचना भेजी। अपने बेटे अमर के जीवित वापस लौटने की सूचना से व्यापारी बहुत प्रसन्न हुआ।

व्यापारी ने अपनी पत्नी के साथ स्वयं को एक कमरे में बंद कर रखा था। भूखे-प्यासे रहकर व्यापारी और उसकी पत्नी बेटे की प्रतीक्षा कर रहे थे। उन्होंने प्रतिज्ञा कर रखी थी कि यदि उन्हें अपने बेटे की मृत्यु का समाचार मिला तो दोनों अपने प्राण त्याग देंगे।

व्यापारी अपनी पत्नी और मित्रों के साथ नगर के द्वार पर पहुंचा। अपने बेटे के विवाह का समाचार सुनकर, पुत्रवधू राजकुमारी चंद्रिका को देखकर उसकी खुशी का ठिकाना न रहा।

उसी रात भगवान शिव ने व्यापारी के स्वप्न में आकर कहा- 'हे श्रेष्ठी! मैंने तेरे सोमवार के व्रत करने और व्रतकथा सुनने से प्रसन्न होकर तेरे पुत्र को लंबी आयु प्रदान की है।' व्यापारी बहुत प्रसन्न हुआ।

सोमवार का व्रत करने से व्यापारी के घर में खुशियां लौट आईं। शास्त्रों में लिखा है कि जो स्त्री-पुरुष सोमवार का विधिवत व्रत करते और व्रतकथा सुनते हैं उनकी सभी इच्छाएं पूरी होती हैं।

# अन्नपुर्णा देवी व्रत कथा

- अन्नपुर्णा देवी व्रत कथा

1. अन्नपुर्णा देवी की प्रार्थना

सिद्ध सदन सुन्दर बदन, गणनायक महाराज
दास आपका हूँ सदा कीजै जन के काज ||
जय शिव शंकर गंगाधर, जय जय उमा भवानी
सिया राम कीजै कृपा हरी राधा कल्याणी ||
जय सरस्वती जय लक्ष्मी, जय जय गुरु दयाल
देव विप्र और साधू जय भारत देश विशाल ||
चरण कमल गुरुजनों के, नमन करूँ मई शीश
मो घर सुख संपत्ति भरो , दे कर शुभ आशीष ||
***************************************************

- दोहा

हाजिर है सब जगह पर, प्रेम रूप अवतार
करें न देरी एक पल, हो यदि सत्य विचार ||
प्रेमी के बस में बंधे, मांगे सोई देत
बात न टाले भक्त की , परखे सच्चा हेत ||
श्रृद्धा वाले को ज्ञान मिले , तत्पर इन्द्रीवश वाला हो
पावे जो ज्ञान शीघ्र ही सब सुख शांति स्नेह निराला हो ||
वन में दावानल लगी, चन्दन वृक्ष जरात

वृक्ष कहे हंसा सुनो , क्यों न पंख खोल उड़ जात ||

प्रारब्ध पहले रखा पीछे रचा शरीर

तुलसी माया मोह फंस, प्राणी फिरत अधीर ||

तुलसी मीठे वचन से , सुख उपजत चहुँ ओर

वशीकरण यह मन्त्र है, तज दे वचन कठोर ||

मान मोह आसक्ति तजि, बनो अद्ध्यात्म अकार

द्वंद मूल सुख दुःख रहित पावन अवयव धाम ||

तामे तीन नरक के द्वार हैं, काम क्रोध अरु मद लोभ

उन्हें त्याग किन्हें मिलत, आत्म सुख बिन क्षोभ ||

सब धर्मों को त्याग कर माँ शरण गति धार

सब पाँपों से मै तेरा करूँ शीघ्र उद्धार ||

यह गीता का ज्ञान है, सब शास्त्रों का सार

भक्ति सहित जो नर पढ़ें लहे आत्म उद्धार ||

गीता के सम ज्ञान नहीं, मन्त्र न प्रेम रे आन

शरणागति सम सुख नहीं, देव न कृष्ण देव ||

अमृत पी संतोष का, हरी से ध्यान लगायें

सत्य राख संकल्प मन विजय मिलें जहा जाय ||

मन चाही सब कामना, आप ही पूरण होय

निश्चय रखो भगवान् पर, जल में दे दुःख खोय ||

**********************************************************

• व्रत कथा

काशी निवासी धनजय की पत्नी का नाम सुलक्षणा था | उसे अन्यान्य सब सांसारिक सुख प्राप्त थे, परन्तु निर्धनता ही एक दुःख का कारण थी | यह दुःख उसको हर समय सताता रहता था | एक दिन सुलक्षणा अपने पति से बोली- स्वामी, आप कुछ उद्यम करो तो काम बनें, इसप्रकार कब तक काम चलेगा | सुलक्षणा की बात धनंजय के मन में बैठ गयी और वह उसी दिन विश्वनाथ शंकर को खुश करने को पूजा में बैठ गया |

कहने लगा - हे देवादि देव विश्वेश्वर मुझे पूजा-पाठ कुछ आता नहीं, केवल तुम्हारे भरोसे बैठा हूँ, इतनी कृपा कर, दो- तीन दिन तक भूखा- प्यासा बैठा रहा |

यह देख कर भगवान् शंकर ने उसके कान में अन्नपूर्ण| अन्नपुर्णा || अन्नपुर्णा ||| इसप्रकार तीन बार कहा | यह कौन, क्या कह गया ? इस सोच में धनंजय पड़ गया और मंदिर से आते हुए ब्रह्मिनों को देखकर पूछने लगा- पंडितजी, यह अन्नपूर्ण कौन है? वे बोले- तू अन्न छोड़ बैठा है सो हर समय अन्न की ही बात सूझती है | जा घर जा, अन्न गृहं कर | धनंजय अपने घर गया और पत्नी से सारा वृतांत कहा |

वह बोली - हे नाथ ! चिंता मत करो | स्वयं शंकरजी ने यह मन्त्र दिया है, वह खुद ही इसका खुलासा करेंगे | आप फिर जाकर उनकी आराधना करो |

धनजय फिर जैसा का तैसा पूजा में बैठ गया | रात्रि में शंकरजी ने आज्ञा दी की तू पूर्व दिशा में जा , वहां इसका योग लगेगा | और तू सुखी होगा |

महादेव बाबा का कहना मान वह पूर्व दिशा को चल दिया | वह अन्नपुर्णा-अन्नपुर्णा कहता जाता और रस्ते में फल खता जाता, झरनों का पानी पीता जाता | इसतरह कितने ही दिन चलता गया |

वहां उसे चाँदी-सी चमकती वन की शोभा देखने में आई | सुन्दर सरोवर देखने में आया और उसके किनारे कितनी ही अप्सराएं झुण्ड बनायें बैठी है |

एक कथा कहती थी और सब माता अन्नपुर्णा-अन्नपुर्णा इसप्रकार बार-बार कहती थी कि आज अगहन मास कि उजियाली रात्रि थी | आज से ही इस व्रत का आरम्भ था | जिस शब्द कि खोज को मै घर से निकला था वह शब्द आज मुझे सुनने को मिला है |

धनंजय उनके पास जाकर पूछता है - हे देवियों ! आप ये क्या करती हो? वे बोलीं - हम माता अन्नपूर्णा का व्रत करती हैं | व्रत करने से क्या होता है? यह किसी ने किया भी है इसको कब किया जाये? यह समझा कर मुझसे कहो | वे कहने लगी - इस व्रत को सभी कर सकते है | २१ दिन तक के लिए २१ गांठ का सूत्र लेना | २१ दिन न बने तो १ दिन का उपवास करना |

यह भी न बने तो केवल कथा सुनकर माता का प्रसाद लेना | निराहार रहकर कथा करना | कथा सुनने वाला कोई न मिले तो पीपल के पत्ते को दस सुपारी, गुवारपाठा के वृक्ष को सामने रख कर, दीपक को साक्षी रख कर, सूर्य, गाय, तुलसी या महादेव की कथा सुनना |

बिना कथा सुनाये मुख में दाना न डालना | यदि भूल में कुछ पड़ जाये तो एक दिवस फिर उपवास करना और व्रत में क्रोध न करे, झूठ न बोले | धनंजय बोला - इस व्रत के करने से क्या होगा ? वे कहने लगी - इसके करने से अंधों को नेत्र मिले, लूलों को पाँव मिले, निर्धन के घर धन आवे, बाँझ को संतान मिले, मूर्ख को विध्या आवे, जो जिस कामना से व्रत करें माता उनको इच्छा पूरी करती है |

धनंजय बोला - बहिनों ! मेरे पास भी धन नहीं, विद्द्या नहीं, कुछ भी तो नहीं है | मैं दुखिया और दरिद्र ब्रह्मिण हूँ | मुझे उस व्रत का सुख डौगी | हाँ भाइ तेरा कल्याण हो, हम तुझे देंगी | ले व्रत का मंगलसूत्र ले | धनंजय ने व्रत किया और पूरा हुआ |

तभी सरोवर में से २१ खंड की स्वर्ण सीढ़ी हीरा - मोती जड़ी प्रकट हुई | धनंजय अन्नपूर्णा - अन्नपूर्णा कहता जाता था | इस प्रकार कितनी ही सीढियां उतर आया तो क्या देखता है की करोड़ों सूर्यो के सामान प्रकाशमान अन्नपूर्णाजी का मंदिर है |

उसके स्वर्ण सिंहासन पर अन्नपूर्णा विराजमान हैं | सामने भिक्षा हेतु शंकर भगवान खड़े है | देवांगनाएँ चंवर डुलाती है | कितनी ही हथियार बंधे पहरा देती हैं | धनंजय दौड़ कर माता के चरणों पर गिर पड़ा | माता उसके मन का क्लेश जान गई |

धनंजय कहने लगा - माता ! आप तो अंतर्यामी हो, आपको अपनी दशा क्या बताऊँ | माता बोली - तुने मेरा व्रत किया है जा तेरा संसार सत्कार करेगा | माता ने धनंजय की जिव्हा पर बीज मंत्र लिख दिया | अब तो उसके रोम रोम में विध्या प्रविष्ठ हो गई |

इतने में क्या देखता है की काशी विश्वनाथ के मंदिर ने खड़ा हुआ है | माता का वरदान ले कर धनंजय घर आया और सुलक्षणा से सब बात कही | माताजी की कृपा से अटूट संपत्ति उमड़ने लगी | छोटा घर बहुत बड़ा गिना जाने लगा |

जैसे शहद के छत्ते में मक्खियाँ जमा हो जाती है उसी प्रकार अनेक सगे-संबधी आकर उसकी बड़ाई करने लगे | इतना धन, इतना बड़ा सुन्दर घर संतान नहीं तो इस कमी का कौन भोग करेगा | सुलक्षणा के संतान नहीं है, इसलिए तुम दूसरा विवाह करो |

अनिच्छा होते हुवे भी धनंजय को दूसरा विवाह करना पड़ा | सटी सुलक्षणा को सौत का दुःख उठाना पड़ा | इस तरह दिन बीतते गए फिर अग्घन मास आया और नए बंधन से बंधे पति से सुलक्षणा ने पति से कहलवाया की व्रत व्रत के प्रभाव से हम सुखी हुए हैं, इस कारण यह व्रत हमें छोड़ना नहीं चाहिए | यह माता जी का प्रताप है, हम इतने सम्पन्न व् सुखी हुए है |

सुलक्षणा की बात सुन कर धनंजय उसके यहाँ आया और व्रत में बैठ गया | नै वधु को इस बात की खबर नहीं थी | वह धनंजय के आने की राह देख रही थी |

दिन बीतते गए और व्रत पूरा होने में तीन दिवस रहे की नै पत्नी को खबर मिली और उसके मन में इर्ष्या की ज्वाला दहक रही थी | सुलक्षणा के घर पहुची और झगडा करके वह धनंजय को अपने साथ ले आई और नए घर में धनंजय को थोड़ी देर के लिए निद्रा ने आ घेरा |

उसी समय नयी पत्नी ने उसके व्रत का सूत्र तोड़कर अग्नि में फेंक दिया | अब तो माताजी बड़ी क्रोधित हुई | घर में अचानक आग लग गयी, सब कुछ जलकर राख हो गया | सुलक्षणा जान गयी और अपने पति को वापस अपने घर ले आई |

नयी पत्नी रूठकर अपने पिता के घर जा बैठी | संसार में दो जीव थे उनमे से अब एक ही रह गया | पति को परमेश्वर मानने वाली सुलक्षणा बोली- हे नाथ ! घबराना नहीं | माताजी की कला अलौकिक है पुत्र कुपुत्र हो जाता है पर माता कुमाता नहीं होती, आप माता में श्रृद्धा रखें और फिर आराधना शुरू करें | वे अवश्य हमारा कल्याण करेंगी | धनंजय फिर माता का व्रत करने लगा |

फिर वही सरोवर सीढ़ी प्रकट हुई उसमे अन्नपूर्ण माँ कह कर उतर गया | वहां माता के चरणों में रुदन करने लगा | माता प्रसन्न होकर बोली - यह मेरी स्वर्ण की मूर्ति ले और इसका पूजन करना तू फिर सुखी हो जायेगा |

जाओ तुमको मेरा आशीर्वाद है तेरी पत्नी सुलक्षणा ने श्रृद्धा से मेरा व्रत किया है उसको मैंने पुत्र दिया | धनंजय ने आँखें खोली और खुद को काशी विश्वनाथ मंदिर में खड़ा पाया, वहां से फिर उसी प्रकार घर आया | इधर सुलक्षणा के दिन चढ़े और महिना पूरे होते ही पुत्र

का जन्म हुआ | ग्राम में आश्चर्य की लहर दौड़ गयी |

मान्यता आने लगी | इसीप्रकार उस ग्राम के निःसंतान सेठ के पुत्र होने से उसने माता अन्नपूर्णा का सुंदर मंदिर बनवाया | जिसमे धूमधाम से माताजी पधारी |

यज्ञ किया और धनंजय को मंदिर का आचार्य पद दिया और जीविका के लिए मंदिर की दक्षिणा और रहने के लिए बड़ा सुंदर भवन बनवा दिया | धनंजय स्त्री-पुत्र के साथ वहां रहने लगा | माताजी की चढौत्री से भरपूर आमदनी होने लगी |

इधर नयी वधु के पिता के घर डाका पड़ा, सब कुछ लूट गया, वे भिक्षा मांग कर पेट भरने लगे | सुलक्षणा ने जब यह सब सुना तो उन्हें बुला भेजा | अलग घर में राख दिया और उनके अन्न-वस्त्र का प्रबंध कर दिया | धनंजय, सुलक्षणा और उसका पुत्र माताजी की कृपा से आनंद करने लगे | माताजी ने जैसे इनके भंडार भरे वैसे सबके भरे |

*********************************************************************

- मन्त्र

अन्नपूर्णा सदा पूर्णा शंकर प्राणवल्लभे
ज्ञान वैराग्य सिद्ध्याराार्थम भिक्षम देहि च पार्वती ||
माता में पार्वती देवी पिता देवो महेश्वरः
बान्धवः शिवाभाक्ताश्च स्वदेशो भुव्त्रयम ||

# 20

# हरितालिका तीज व्रत कथा

* हरितालिका तीज व्रत कथा

1. कथा

भगवान शिव ने कहा "हे गौरी! पर्वतराज हिमालय पर गंगा के तट पर तुमने अपनी बाल्यावस्था में अधोमुखी होकर घोर तप किया था। इस अवधि में तुमने अन्न ना खाकर केवल हवा का ही सेवन के साथ तुमने सूखे पत्ते चबाकर काटी थी।

माघ की शीतलता में तुमने निरंतर जल में प्रवेश कर तप किया था। वैशाख की जला देने वाली गर्मी में पंचाग्नी से शरीर को तपाया। श्रावण की मुसलाधार वर्षा में खुले आसमान के नीचे बिना अन्न जल ग्रहन किये व्यतीत किया।

तुम्हारी इस कष्टदायक तपस्या को देखकर तुम्हारे पिता बहुत दुःखी और नाराज़ होते थे। तब एक दिन तुम्हारी तपस्या और पिता की नाराज़गी को देखकर नारदजी तुम्हारे घर पधारे।

तुम्हारे पिता द्वारा आने का कारण पूछने पर नारदजी बोले – 'हे गिरिराज! मैं भगवान् विष्णु के भेजने पर यहाँ आया हूँ। आपकी कन्या की घोर तपस्या से प्रसन्न होकर वह उससे विवाह करना चाहते हैं। इस बारे में मैं आपकी राय जानना चाहता हूँ।' नारदजी की बात सुनकर पर्वतराज अति प्रसन्नता के साथ बोले- 'श्रीमान! यदि स्वंय विष्णुजी मेरी कन्या का वरण करना चाहते हैं तो मुझे क्या आपत्ति हो सकती है। वे तो साक्षात ब्रह्म हैं। यह तो हर पिता की इच्छा होती है कि उसकी पुत्री सुख-सम्पदा से युक्त पति के घर कि लक्ष्मी बने।'

नारदजी तुम्हारे पिता की स्वीकृति पाकर विष्णुजी के पास गए और उन्हें विवाह तय होने का समाचार सुनाया। परंतु जब तुम्हे इस विवाह के बारे में पता चला तो तुम्हारे दुःख का ठिकाना ना रहा।

तुम्हे इस प्रकार से दुःखी देखकर, तुम्हारी एक सहेली ने तुम्हारे दुःख का कारण पूछने पर तुमने बताया कि – 'मैंने सच्चे मन से भगवान् शिव का वरण किया है, किन्तु मेरे पिता ने मेरा विवाह विष्णुजी के साथ तय कर दिया है। मैं विचित्र धर्मसंकट में हूँ। अब मेरे पास प्राण त्याग देने के अलावा कोई और उपाय नहीं बचा।' तुम्हारी सखी बहुत ही समझदार थी।

उसने कहा – 'प्राण छोड़ने का यहाँ कारण ही क्या है? संकट के समय धैर्य से काम लेना चाहिये। भारतीय नारी के जीवन की सार्थकता इसी में है कि जिसे मन से पति रूप में एक बार वरण कर लिया, जीवनपर्यन्त उसी से निर्वाह करे। सच्ची आस्था और एकनिष्ठा के समक्ष तो भगवान् भी असहाय हैं।

मैं तुम्हे घनघोर वन में ले चलती हूँ जो साधना थल भी है और जहाँ तुम्हारे पिता तुम्हे खोज भी नहीं पायेंगे। मुझे पूर्ण विश्वास है कि ईश्वर अवश्य ही तुम्हारी सहायता करेंगे।'

तुमने ऐसा ही किया। तुम्हारे पिता तुम्हे घर में न पाकर बड़े चिंतित और दुःखी हुए। वह सोचने लगे कि मैंने तो विष्णुजी से अपनी पुत्री का विवाह तय कर दिया है। यदि भगवान् विष्णु बारात लेकर आ गये और कन्या घर पर नहीं मिली तो बहुत अपमान होगा, ऐसा विचार कर पर्वतराज ने चारों ओर तुम्हारी खोज शुरू करवा दी।

इधर तुम्हारी खोज होती रही उधर तुम अपनी सहेली के साथ नदी के तट पर एक गुफा में मेरी आराधना में लीन रहने लगीं। भाद्रपद तृतीय शुक्ल को हस्त नक्षत्र था। उस दिन तुमने रेत के शिवलिंग का निर्माण किया। रात भर मेरी स्तुति में गीत गाकर जागरण किया।

तुम्हारी इस कठोर तपस्या के प्रभाव से मेरा आसन हिल उठा और मैं शीघ्र ही तुम्हारे पास पहुँचा और तुमसे वर मांगने को कहा तब अपनी तपस्या के फलीभूत मुझे अपने समक्ष पाकर तुमने कहा – 'मैं आपको सच्चे मन से पति के रूप में वरण कर चुकी हूँ। यदि आप सचमुच मेरी तपस्या से प्रसन्न होकर यहाँ पधारे हैं तो मुझे अपनी अर्धांगिनी के रूप में स्वीकार कर लीजिये। 'तब 'तथास्तु' कहकर मैं कैलाश पर्वत पर लौट गया।

प्रातः होते ही तुमने पूजा की समस्त सामग्री नदी में प्रवाहित करके अपनी सखी सहित व्रत का वरण किया। उसी समय गिरिराज अपने बंधु – बांधवों के साथ तुम्हे खोजते हुए वहाँ पहुंचे। तुम्हारी दशा देखकर अत्यंत दुःखी हुए और तुम्हारी इस कठोर तपस्या का कारण पुछा। तब तुमने कहा – 'पिताजी, मैंने अपने जीवन का अधिकांश वक्त कठोर तपस्या में बिताया है।

मेरी इस तपस्या के केवल उद्देश्य महादेवजी को पति के रूप में प्राप्त करना था। आज मैं अपनी तपस्या की कसौटी पर खरी उतर चुकी हूँ। चुंकि आप मेरा विवाह विष्णुजी से करने का निश्चय कर चुके थे, इसलिये मैं अपने आराध्य की तलाश में घर से चली गयी।

अब मैं आपके साथ घर इसी शर्त पर चलूंगी कि आप मेरा विवाह महादेवजी के साथ ही करेंगे। पर्वतराज ने तुम्हारी इच्छा स्वीकार करली और तुम्हे घर वापस ले गये। कुछ समय बाद उन्होने पूरे विधि – विधान के साथ हमारा विवाह किया।"

भगवान् शिव ने आगे कहा – "हे पार्वती! भाद्र पद कि शुक्ल तृतीया को तुमने मेरी आराधना करके जो व्रत किया था, उसी के परिणाम स्वरूप हम दोनों का विवाह संभव हो सका। इस व्रत का महत्त्व यह है कि मैं इस व्रत को पूर्ण निष्ठा से करने वाली प्रत्येक स्त्री को मन वांछित फल देता हूँ।" भगवान् शिव ने पार्वतीजी से कहा कि इस व्रत को जो भी स्त्री पूर्ण श्रद्धा से करेगी उसे तुम्हारी तरह अचल सुहाग प्राप्त होगा।

इस व्रत को 'हरितालिका' इसलिये कहा जाता है क्योंकि पार्वती कि सखी उन्हें पिता और प्रदेश से हर कर जंगल में ले गयी थी। 'हरित' अर्थात हरण करना और 'तालिका' अर्थात सखी।

******* ******* ******* ******** ******* *******

# 21

# श्री गणेश चतुर्थी व्रत कथा और पूजन विधि

- श्री गणेश चतुर्थी व्रत कथा और पूजन विधि

आज गणपति का जन्मदिन है. विघ्नहर्ता और मंगलमूर्ति श्रीगणेश का दिन. आज से लेकर अगले दस दिनों तक देश गणेश जी के रंग में डुबा रहेगा. आज गणेश चतुर्थी के दिन व्रत करने का बहुत महत्व है.

**********************************

- गणेश चतुर्थी व्रत विधि

भाद्रपद माह की शुक्ल पक्ष की चतुर्थी गणेश चतुर्थी के नाम से प्रसिद्ध है,इस प्रात:काल स्नानादि से निवृत होकर सोना तांबा चांदी मिट्टी या गोबर से गणेश की मूर्ति बनाकर उसकी पूजा करनी चाहिये,पूजने के समय इक्कीस मोदकों का भोग लगाते है,तथा हरित दूर्वा के इक्कीस अंकुर लेकर यह दस नाम लेकर चढाने चाहिये- ॐ गणाप नम: ॐ गौरीसुमन नम:, ॐ अघनाशक नम:, ॐ एक दन्ताय नम:,ॐ ईश पुत्र नम:,ॐ सर्वसिद्धिप्रद नम: ॐ विनायक नम:,ॐ कुमार गुरु नम:,ॐ इम्भववक्त्राय नम:,ॐ मूषकवाहन संत नम:, तत्पश्चात इक्कीस लड्डुओं में दस लड्डू ब्राह्मणों को दान देना चाहिये,और ग्यारह लड्डू स्वयं खाने चाहिये.

**********************************************

- गणेश चतुर्थी व्रत कथा

एक बार महादेवजी पार्वती सहित नर्मदा के तट पर गए. वहाँ एक सुंदर स्थान पर पार्वतीजी ने महादेवजी के साथ चौपड़ खेलने की इच्छा व्यक्त की. तब शिवजी ने कहा- हमारी हार-जीत का साक्षी कौन होगा? पार्वती ने तत्काल वहाँ की घास के तिनके बटोरकर एक पुतला बनाया और उसमें प्राण-प्रतिष्ठा करके उससे कहा- बेटा! हम चौपड़ खेलना चाहते हैं, किन्तु यहाँ हार-जीत का साक्षी कोई नहीं है. अतः खेल के अन्त में तुम हमारी हार-जीत के साक्षी होकर बताना कि हममें से कौन जीता, कौन हारा?

खेल आरंभ हुआ. दैवयोग से तीनों बार पार्वतीजी ही जीतीं. जब अंत में बालक से हार-जीत का निर्णय कराया गया तो उसने महादेवजी को विजयी बताया. परिणामतः पार्वतीजी ने क्रुद्ध होकर उसे एक पाँव से लंगड़ा होने और वहाँ के कीचड़ में पड़ा रहकर दुःख भोगने का शाप दे दिया.

बालक ने विनम्रतापूर्वक कहा- माँ! मुझसे अज्ञानवश ऐसा हो गया है. मैंने किसी कुटिलता या द्वेष के कारण ऐसा नहीं किया. मुझे क्षमा करें तथा शाप से मुक्ति का उपाय बताएँ. तब ममतारूपी माँ को उस पर दया आ गई और वे बोलीं- यहाँ नाग-कन्याएँ गणेश-पूजन करने आएँगी. उनके उपदेश से तुम गणेश व्रत करके मुझे प्राप्त करोगे. इतना कहकर वे कैलाश पर्वत चली गईं.

एक वर्ष बाद वहाँ श्रावण में नाग-कन्याएँ गणेश पूजन के लिए आईं. नाग-कन्याओं ने गणेश व्रत करके उस बालक को भी व्रत की विधि बताई. तत्पश्चात बालक ने 12 दिन तक श्रीगणेशजी का व्रत किया. तब गणेशजी ने उसे दर्शन देकर कहा- मैं तुम्हारे व्रत से प्रसन्न हूँ. मनोवांछित वर माँगो.

बालक बोला- भगवन! मेरे पाँव में इतनी शक्ति दे दो कि मैं कैलाश पर्वत पर अपने माता-पिता के पास पहुँच सकूं और वे मुझ पर प्रसन्न हो जाएँ.

गणेशजी 'तथास्तु' कहकर अंतर्धान हो गए. बालक भगवान शिव के चरणों में पहुँच गया. शिवजी ने उससे वहाँ तक पहुँचने के साधन के बारे में पूछा.

तब बालक ने सारी कथा शिवजी को सुना दी. उधर उसी दिन से अप्रसन्न होकर पार्वती शिवजी से भी विमुख हो गई थीं. तदुपरांत भगवान शंकर ने भी बालक की तरह 21 दिन पर्यन्त श्रीगणेश का व्रत किया, जिसके प्रभाव से पार्वती के मन में स्वयं महादेवजी से मिलने की इच्छा जाग्रत हुई.

वे शीघ्र ही कैलाश पर्वत पर आ पहुँची. वहाँ पहुँचकर पार्वतीजी ने शिवजी से पूछा- भगवन! आपने ऐसा कौन-सा उपाय किया जिसके फलस्वरूप में आपके पास भागी-भागी आ गई हूँ. शिवजी ने 'गणेश व्रत' का इतिहास उनसे कह दिया.

तब पार्वतीजी ने अपने पुत्र कार्तिकेय से मिलने की इच्छा से 21 दिन पर्यन्त 21-21 की संख्या में दूर्वा, पुष्प तथा लड्डुओं से गणेशजी का पूजन किया. 21वें दिन कार्तिकेय स्वयं ही पार्वतीजी से आ मिले. उन्होंने भी माँ के मुख से इस व्रत का माहात्म्य सुनकर व्रत किया.

कार्तिकेय ने यही व्रत विश्वामित्रजी को बताया. विश्वामित्रजी ने व्रत करके गणेशजी से जन्म से मुक्त होकर 'ब्रह्म-ऋषि' होने का वर माँगा. गणेशजी ने उनकी मनोकामना पूर्ण की. ऐसे हैं श्री गणेशजी, जो सबकी कामनाएँ पूर्ण करते हैं.

• 79 •

# 22

# करवा चौथ की व्रत विधि व कथा

- करवा चौथ की व्रत विधि व कथा

********************************

- सामग्री

रोली , मोली , पताशा ,चावल , गेहू , करवां , पानी का कलश ,लाल कपड़ा ,चाँदी की अँगूठी एक ब्लाउज पीस ।

******************************************

- पूजा

कार्तिक कृष्ण पक्ष की चतुर्थी को करवा चौथ का व्रत रखा जाता है यह व्रत सुहागिन महिलाए अपने पति की लम्बी आयु व स्वस्थ जीवन के लिए करती है ।

इस दिन एक करवां या गिलास लेकर उसमें चावल भरे , उसमे एक सिक्का व एक पताशा डाले व लाल कपड़े से बांध दे। कहानी सुनने के लिए मिट्टी से चार कोण का चोका लगाये ,चारो कोणों पर रोली से बिंदी लगाये ।

बीच मिट्टी या सुपारी से गणेशजी बनाकर रखे और रोली ,मोली व चावल से गणेशजी की पूजा करे ।अब चोके के ऊपर करवां रखे उसपर ब्लाउज पीस रखे ,पानी का कलश ,पताशा व चाँदी की अँगूठी रखे । अपने हाथ में चार गेहू के दाने लेकर कथा सुने ।

जब चौथ की कथा सुनने के बाद जो चार गेहू के दाने है उसे तो रात में चाँद को अर्ग देने के लिए रख ले व दुसरे चार दाने लेकर गणेशजी की कहानी सुने और उसके बाद सूर्य को अर्ग दे जो चाँदी की अँगूठी हमने पूजा में रखी थी उसे भी अर्ग देते समय हाथ में ले लेवे ।

रात में चंद्रोदय होने पर जो गेहू के दाने रखे है उससे अर्ग दे व भोग लगाये ।करवां और ब्लाउज पीस अपनी सास या ननद को दे उसके बाद अपना व्रत खोले ।

*************************************************

- कथा

सात भाई थे उनके एक बहन थी । सभी भाई अपनी बहन से बहुत प्यार करते थे और हमेशा उसके साथ ही खाना खाते थे । जब बहन की शादी हो गई तो बहन ने करवां चौथ का व्रत किया ।सभी भाई शाम को खाना खाने बैठे तो अपनी बहन को खाने की लिए बुलाया।

तब बहन ने कहा कि "आज मेरे चौथ माता का व्रत है " तब भाइयो ने सोचा की चाँद पता नही कब तक उदय होगा अपनी बहन तो भूखी है उन सबने उपाय सोचा और पहाड़ पर जाकर आग जलाई और उसके आगे चालनी लगाकर चाँद बना दिया और बोले कि "बहन चाँद उग आया "वह अपनी भाभियों से बोली कि "चाँद उग आया " तो भाभियां बोली कि " ये चाँद आप के लिए उगा है वह भोली थी नकली चाँद के अर्ग देकर भाइयो के साथ खाना खाने बैठ गई ।

उसने जैसे ही पहला ग्रास तोडा तो उसमे बाल आ गया , दूसरा तोड़ा इतने में उसके ससुराल से बुलावा आ गया की लड़की को तुरंत ससुराल भेजो ।

जब माँ ने बेटी को विदा करने के लिए कपड़ो का बक्सा खोला तो उसमे भी सबसे पहले काला कपड़ा ही निकला तब माँ बहुत डर गई ।

उसने अपनी बेटी को एक चाँदी का सिक्का देते हुए कहा कि "तुझे रास्ते में जो भी मिले उसके पैर छूती जाना और जो तुझे सुहागन होने का आशीर्वाद दे उसे ये सिक्का दे देना और अपने पल्लू पर गांठ बांध लेना "। वो पुरे रास्ते ऐसा ही करती गई पर किसी ने उसे सुहागन होने का आशीर्वाद नही दिया ।

जब वह अपने ससुराल पहुचीं तो बाहर उसकी जेठुती खेल रही थी उसने उसके पैर छुए तो उसने सदा सुहागन का आशीर्वाद दिया तो उसने सिक्का जेठुती को दिया और पल्लू पर गांठ बांध ली ।जब घर के अन्दर गई तो देखा की उसका पति मरा पड़ा है

जब उसके पति को जलाने के लिए ले जाने लगे तो उसने नही ले जाने दिया । तब सबने कहा कि "गाँव में लाश नही रहने देगे " तो गाँव के बाहर एक झोपडी बना दी वह उसमे रहने लगी और अपने पति की सेवा करने लगी । रोज घर से बच्चे उसे खाना दे जाते ।

कुछ समय बाद माघ की चौथ आई तो उसने व्रत किया ।रात को चौथ माता गाजती गरजती आई तो उसने माता के पैर पकड़ लिए ।माता पैर छुड़ाने लगी बोली " सात भाइयो की बहन घनी भूखी मेरे पैर छोड़ "। जब उसने पैर नही छोड़े तो चौथ माता बोली कि " मैं कुछ नही कर सकती मेरे से बड़ी बैशाख की चौथ आएगी उसके पैर पकड़ना ।

कुछ समय बाद बैशाख की चौथ आई तो उसने कहा कि "मैं कुछ नही कर सकती मेरे से बड़ी भादवे की चौथ आएगी उसके पैर पकड़ना । जब भादवे की चौथ आई तो उसने भी यही कहा कि "मैं कुछ नही कर सकती मेरे से बड़ी कार्तिक चौथ है वो ही तेरे पति को जीवन दे सकती है लेकिन वो तेरे से सुहाग का सामान मांगेगी तो तू वो सब तैयार रखना लेकिन मैंने तुझे ये सब बताया है ऐसा मत कहना "।

जब कार्तिक चौथ आई तो उसने अपने पति के लिए व्रत रखा । रात को चौथ माता आई तो उसने पैर पकड़ लिए तो माता बोली "सात भाइयो की लाड़ली बहन घणी भूखी , घणी तिसाई ,पापिनी मेरे पैर छोड़ "।

तब वो बोली कि "माता मेरे से भूल हो गई मुझे माफ कर दो ,और मेरे पति को जीवन दान दो "। जब उसने माता के पैर नही छोड़े तो माता बोली कि "ठीक है जो सामान मैं मांगू वो मुझे लाकर दे "।

माता ने जो सामान माँगा वो उसने लाकर दे दिया । तब चौथ माता बोली कि "तुझे ये सब किसने बताया "। वो बोली कि " माता मैं इस जंगल में अकेली रहती हूँ मुझे ये सब बताने यहाँ कौन आएगा "।

चौथ माता ने माँग में से सिंदूर लिया, आँख में से काजल व चिटली अंगुली से मेहँदी निकालकर उसके पति के छिटा तो उसका पति जीवित हो गया । माता ने उसके पति को जीवित कर दिया और सदा सुहागन का आशीर्वाद दिया ।

सुबह बच्चे जब खाना लेकर आये ,तो अपने चाचा को जीवित पाया । दौड़कर घर गये और सबको बताया कि "चाचा जीवित हो गए "। सब लोग वहा गए तो देखा की बच्चे सच कह रहे है ।

अपने बेटे को जीवित देखकर सास बहु के पैर पड़ने लगी तो बहु बोली "सासुजी आप ये क्या कर रही है मैंने कुछ नहीं किया ये तो चौथ माता ने किया है " । हे चौथ माता जैसे उसको सुहाग दिया वैसे सभी को देना ।

# 23

# ऋषि पंचमी व्रत कथा

- ऋषि पंचमी व्रत कथा

भाद्र पद शुक्ल पक्ष की पंचमी को ऋषि पंचमी का व्रत किया जाता हैं ! यह व्रत ज्ञात अज्ञात पापों के शमन के लिए किया जाता हैं ! इस व्रत में सात ऋषियों के सहित देवी अरुन्धती का पूजन होता है ! इसीलिए इसे ऋषि पंचमी के नाम से जाना जाता है !

- व्रत विधि

इस दिन व्रत करने वाले को चाहिए कि वह प्रातः काल से मध्यान्ह के समय किसी नदी या तालाब पर जाए ! वहां अपमार्गा (चीड़चिड़ा ) के दातून करे ! मिट्टी लगाकर स्नान करे !

इसके बाद पंचगव्य ( दूध, दही, घी, गोबर, गोमूत्र, ) ले ! तत्पश्चात घर आकर शास्त्र और विधान से किसी ब्राह्मण से पूजन आदि कराकर कथा सुने ! इस वर्त में नमक खाना वर्जित हैं

इस दिन प्रायः लोग दही और साठी का चावल खाते हैं ! खेत से जुते हुए अन्न का सेवन भी वर्जित हैं! दिन में एक बार ही भोजन का विधान हैं !

कलश आदि पूजन सामग्री को ब्राह्मण भोजन कराकर प्रसाद पाना चाहिए !

- सप्त ऋषि

१ – कश्यपाय नमः

२ – अत्रये नमः

३ – भारद्वाजाय नमः

४ – विश्वामित्राय नमः

५ – गौतमाय नमः
६ – जम्दग्नये नमः
७ – वाशिष्ठाये नमः
अंत में अरुन्धत्ये नमः करके पूजन संपन्न करना चाहिए !
*******************************************

- कथा शास्त्रानुसार

राजा सिताश्व ने ब्रह्मा जी से पूछा – हे देव देवेश मैंने आपके मुख से बहुत से व्रत सुने ! अब मेरे मन में किसी एक पाप विनाशक वर्त के बारे में जानने की अभिलाषा हैं ! कृपा करके आप उस व्रत को कहे ! ब्रह्मा जी ने कहा – राजन में उस व्रत को कहता हूँ जो समस्त पापों का विनाशक हैं ! राजन उस व्रत का नाम ऋषि पंचमी व्रत हैं !

इसी प्रसंग में महात्मा लोग पुरानी बात कहा करते हैं कि विदर्भ देश की राजधानी में उत्तंग नामक एक ब्राह्मण रहता था ! उसकी सुशीला नाम की भार्या ( पत्नी ) थी वह पति सेवा में पारायण थी ! सुशीला के गर्भ से दो संताने उत्पन्न हुई एक पुत्र और दूसरी पुत्री थी !

पुत्र सर्वगुण संपन्न था, उसने वेद धर्म आदि का अच्छा अध्ययन किया था ! उत्तंग ब्राह्मण ने अपनी कन्या का विवाह अच्छे कुल में कर दिया ! पर हे राजन प्रारब्ध योग से वह कन्या विधवा हो गई !

पतिव्रता धर्म का पालन करते हुए वह कन्या अपने पिता के घर आकर समय व्यतीत करने लगी !

उत्तंग ब्राहमण इस दुःख से दुखी हो अपने पुत्र को घर पर छोड़, अपने पत्नी तथा पुत्री के साथ गंगा जी के तट पर जाकर निवास करने लगा ! वहां जाकर अपने शिष्यों को वेद और अध्ययन कराने लगा ! वह लड़की अपने पिता की सेवाश्रुषा करने लगी !

एक दिन वह लड़की अपने पिता की सेवा करते २ थक गई और तब वह एक पत्थर पर जाकर सो गई ! शयन करते ही उसके शरीर में कीड़े लग गए और सारा शरीर कृमिमय हो गया !

गुरु पुत्री की ऐसी दशा देखकर एक शिष्य बहुत ही दुखी होकर गुरु पत्नी के पास जाकर निवेदन कर कहा – हे माते – हम कुछ नहीं जानते आपके उस सत चरित्र वाली आपकी पुत्री को क्या हो गया हैं ! उनकी ऐसी दशा क्यों कर हो गई हैं ? आज उनका शरीर दिखाई नहीं देता ! मात्र कृमिया ही कृमिया दिखाई दे रही हैं !

माँ को ये वचन वज्राघात से लगे ! माँ तुरंत अपनी पुत्री के समीप गई, पुत्री की ऐसी अवस्था को देख कर विलाप करने लगी !

छाती पर हाथ पीटती हुई पृथ्वी पर गिर पड़ी और मूर्छित हो गई ! कुछ देर बाद होश आया तो, अपनी पुत्री को आँचल से पोछती हुई, अपने कंधे का सहारा देती हुई उसके पिता के पास ले आई और बोली – हे स्वामी देखिये – यह अर्ध रात्रि का समय हैं और यह सो रही थी ! सोते

समय इसके शरीर में कीड़े पड़ गए !

ब्राह्मण समाधिस्थ हो उस लड़की के पूर्व जन्म के पापों को देखकर बोले – हे प्रिये यह पूर्व जन्म में ब्राह्मणी थी, उस जन्म में रजस्वला होकर भोजन आदि के पात्रों को स्पर्श आदि का विचार नहीं किया सभी को हाथ लगा दिया ! उसी पाप कर्मन के कारण इसका शरीर कीड़ों से ढक गया हैं!

हे प्रिये – रजस्वला के समय स्त्री पापिन होती हैं ! पहले दिन चाण्डालिनी, दूसरे दिन ब्रह्मघातिनी, तीसरे दिन धोबिन, चौथे दिन शुद्ध होती हैं ! उसी जन्म में अपने सखियों के दुःसंग से ऋषि पंचमी व्रत को देखकर भी उसका अपमान कर दिया था !

दर्शन के प्रभाव वश इसे पुनः ब्राह्मण कुल में जन्म मिला हैं ! सुशीला ने कहा हे स्वामी ऐसे प्रभावी व्रत को हमें भी बताइए, जिसके करने से महान पुन्य की प्राप्ति होती हैं !

ऋषि ब्राह्मण ने कहा – देवी ध्यान लगाकर सुने – यह व्रत तीनों प्रकार के पापों का नाश करने वाला हैं, स्त्रियों को सौभाग्य प्रदान करने वाला हैं और धन सम्पत्त प्रदान करने वाला हैं, इस व्रत में संदेह नहीं करना चाहिए !

******************************************************

- व्रत सम्पूर्ण विधि

देवी भाद्र पद शुक्ल पक्ष की पंचमी को किसी जलाशय में जाकर अपामार्ग का दातून कर मिटटी के लेप से स्नान कर व्रत नियम को धारण करना चाहिए ! ततपश्चात् सप्त् ऋषियों का शास्त्रोक्त पद्धति के आधार पर पूजन करना चाहिए !

ऋषियों को सुन्दर अधोवस्त्र, यज्ञोपवीत, उपवस्त्र, से अलंकृत करना चाहिए ! अच्छे २ फल नैवेद्य लेकर इनके साथ अर्ध्यदान करना चाहिए ! उस समय सप्त ऋषियों

१ – कश्यपाय नमः

२ – अत्रये नमः

३ – भारद्वाजाय नमः

४ – विश्वामित्राय नमः

५ – गौतमाय नमः

६ – जम्दग्नये नमः

७ – वाशिष्ठाये नमः

को नमस्कार कर अर्ध्य दान कर बोले – हे ऋषि गण कृपया मेरा अर्ध्य दान स्वीकार करे ! और प्रसन्न हो ! अंत में अरुन्धत्ये नमः करके पूजन संपन्न करना चाहिए ! इस व्रत में शाग का भोजन करना चाहिए ! सभी तीर्थों में स्नान आदि से जो फल प्राप्त होता हैं वह सभी इस एक मात्र व्रत के प्रभाव से मिल जाते हैं ! जो इस व्रत को करते हैं वे सुख सम्पनं, रूप गुण संपन्न, पूर्ण काया से युक्त, एवं पुत्र पुत्रादि आदि गुणों से भी सदा ही सम्पन्न रहते हैं ! इस लोक के सभी भोगो को भोग कर परलोक में बैकुंठ की प्राप्ति होती हैं !

**************************************************

- ## ब्रम्हाण्ड पुराण ऋषि पंचमी कथा

ब्रम्हाण्ड पुराण से ली गई ऋषि पंचमी कथा के अनुसार सत्य युग में श्येनजित नामक एक राजा राज्य करता था ! उसके राज्य में सुमित्र नामका एक ब्राह्मण रहा करता था ! वह वेदों में पारंगत था ! वह ब्राह्मण खेती द्वारा जीवन निर्वाह व् परिवार का भरण – पोषण करता था !

उसकी पत्नी जयश्री सटी साध्वी थी, वह खेती के कार्यों में भी अपने पति का सहयोग करती थी ! एक बार रजस्वला अवस्था में अनजाने में उसने घर का सब कार्य किया और पति का स्पर्श भी कर लिया ! देवयोग से पति तथा पत्नी का शरीर अंत एक साथ हो गया !

रजस्वला अवस्था में स्पर्श आदि का विचार न करने से स्त्री कुतिया और पति ने बैल की योनि प्राप्त की ! परन्तु पूर्व जन्म में किये गए धार्मिक कर्मों के कारण पूर्व जन्म की स्मृति उन्हें बनी रही ! संयोग वश इस जन्म में भी अपने ही घर में साथ २ अपने पुत्र और पुत्र वधू के साथ रह रहे थे !

ब्राह्मण के पुत्र का नाम सुमति था, वह भी पिता की भांति वेदों का विद्वान था ! पितृपक्ष में उसने अपने माता – पिता के श्राद्ध के उद्द्देश्य से पत्नी से कहकर खीर बनवाई और ब्राह्मणों को निमंत्रण दिया !

उधर एक सर्प ने आकर उस खीर को विषाक्त कर दिया ! कुतिया बनी ब्राह्मणी सब देख रही थी, उसने सोचा यदि इस खीर को ब्राह्मण खायेंगे तो मर जायेंगे और सुमति को पाप लगेगा ! ऐसा विचार कर सुमति की पत्नी बहुत क्रोधित हुई और चूल्हे से जलती हुई लकड़ी निकाल कर उसकी पिटाई कर दी ! उस दिन उसने कुतिया को भोजन भी नहीं दिया !

रात्रि में कुतिया ने बैल से सारी घटना बताई ! बैल ने कहा आज तो मुझे भी कुछ खाने को नहीं दिया, जबकि सारे दिन मुझसे खेतों पर काम लिया !

सुमति हम दोनों के ही उद्देश्य से श्राद्ध कर रहा हैं, और हमें ही भूखों मार रहा हैं, इस तरह से हम लोगों के भूखे रह जाने से तो इनका श्राद्ध करना व्यर्थ हो जाएगा !

सुमति द्वार पर बैठा इन दोनों की वार्तालाप सुन रहा था , उसे पशुओं की बोली भली भांति आती थी ! उसने जब ये बातें सुनी तो उसे बहुत दुःख हुआ, कि मेरे माता पिता इस निष्कृष्ट योनि में जन्मे हैं! वह दौड़ता हुआ एक ऋषि के पास पहुंचा और सारा वृतान्त सुना कर अपने मत पिता के इस योनि में पड़ने का कारण और मुक्ति का उपाय पूछा !

ऋषि ने ध्यान और योगबल से सारा वृतांत जान लिया ! ऋषि ने सुमति से खा तुम भाद्र शुक्ल पंचमी का व्रत करो , उस व्रत के प्रभाव से तुम्हारे माता – पिता को अवश्य मुक्ति मिल जायेगी ! मात पिता भक्त सुमति ने ऋषि पंचमी का व्रत किया ! जिसके प्रभाव से उसके माता पिता को पशु योनि से मुक्ति मिल गई !

यह व्रत शरीर के अशुद्ध अवस्था में किये गए स्पर्शास्पर्श तथा अन्य पापों के प्रायश्चित के रूप में किया जाता हैं !

• 87 •

# 24

# आसमाई व्रत कथा

- आसमाई व्रत कथा

1. आसमाई व्रत का महात्मय

आसमाई के विषय में मान्यता है कि इनकी प्रसन्नता से जीवन की हर आशा पूरी होती है और अगर ये अप्रसन्न हो जाएं तो जीवन की सभी खुशियां व सुख नष्ट हो जाते हैं। इनकी प्रसन्नता के लिए महिलाएं विशेषकर पुत्रवती महिलाएं इनका व्रत रखती हैं. वैशाख, आषाढ, तथा माघ के महीने में किसी रविवार के दिन आसमाई की पूजा और व्रत रखा जाता है

**********************************************

- आसमाई की कथा के अनुसार

एक राजकुमार था जो माता पिता के लाड़ प्यार के कारण बहुत अधिक शरारती हो गया था। वह नगर की कन्याओं की मटकी को गुलेल से फोड़ देता था. नगरवासियों की शिकायत सुनकर एक दिन राजा को बहुत क्रोध आया और उन्होंने राजकुमार को देश निकाला दे दिया.

राजकुमार अपने घोड़े पर सवार होकर चला जा रहा था. जब एक वन में पहुंचा तो उसने देखा कि तीन वृद्ध महिलाएं अपने अपने हाथों में गगड़ी लिये चली आ रही है. जब राजकुमार उन वृद्ध महिलाओं के समीप पहुंचा तब उसके हाथ से चाबुक छूट गयी और नीचे गिर पड़ी.

कुमार उस चाबुक को उठाने के लिए झुका तो महिलओं को लगा कि राजकुमार उन्हें प्रणाम कर रहा है. इस पर उन्होंने पूछा कि तुम हम तीनों में किसे प्रणाम कर रहे हो. राजकुमार ने तब तीसरी महिला की ओर संकेत किया. वह महिला देवी आशा माई थी.

आशा माई राजकुमार पर प्रसन्न हुई और बोली ये तीन अनमोल रत्न तुम सदा अपने पास रखना, जब तक यह रत्न तुम्हारे पास है तुम्हें कोई पराजित नहीं कर सकता। आशा

माई से विदा लेकर राजकुमार एक नगर में पहुंचा जहां का राजा चसर खेलने में बहुत ही निपुण था.

राजकुमार ने उस राजा को पराजित करके उसका सारा राजपाट जीत लिया। पराजित राजा ने राजकुमार की कुशलता को देखते हुए उससे अपनी पुत्री की शादी कर दी.

कुछ दिनों के बाद राजकुमार अपनी पत्नी की इच्छा को देखते हुए अपने पिता और माता से मिलने चल दिया। वहां उसके माता पिता पुत्र के विक्षोह से दुःखी होकर अंधे हो गये थे. आशा माई के कृपा से वे भी भले चंगे हो गये और परिवार की खुशहाली एवं सुख शांति लट आयी. यही है आशापूर्णी आस माई की कथा.

***********************************************


- व्रत विधान


इस व्रत के दिन महिलाएं पान के पत्ते पर गोपी चंदन अथवा श्रीखंड चंदन से पुतली बनाती है। इस पर चार कड़ियां स्थापित करती हैं। महिलाएं सुन्दर अल्पना बनाकर उस पर कलश बैठाती हैं।

इस व्रत का पालन करने वाल महिलाएं गोटियों वाला मांगलिक सूत्र पहन कर आस माई को भोग लगाती हैं तथा अन्य महिलाओं को भेट भी करती हैं। इस व्रत में व्रती मीठा भोजन करती है क्योंकि इस व्रत में नमक खाना वर्जित है।

इस व्रत में कड़ियों की पूजा एवं मटकी स्थापित करने का विधान इसलिए है क्योंकि राजकुमार को मटकियों को फोड़ने के कारण देश निकाला मिला था और कड़ियों से ही वह चसर में राज्य जीत सका था।

मान्यता है कि जो इस व्रत का पालन करता है उसके सारे कष्ट दूर हो जाते हैं और व्यक्ति की सभी आशा पूरी होती है. आप भी आशा की पूर्ति की चाहत रखती हैं तो देवी आस माई का व्रत रख सकती हैं।

# 25
# अहोई व्रत कथा

- अहोई व्रत कथा

यह व्रत कार्तिक लगते ही अष्टमी को किया जाता है| जिस वार की दीपावली होती है अहोई आठें भी उसी वार की पड़ती है| इस व्रत को वे स्त्रियाँ ही करती हैं जिनके सन्तान होती हैं|

**********************************************************************

- विधि:

बच्चों की माँ दिनभर व्रत रखे| सायंकाल दीवार पर अष्ट कोष्ठक की अहोई की पुतली रंग भरकर बनाएँ| उस पुतली के पास सेई तथा सेई के बच्चों का चित्र भी बनाए या छपी हुई अहोई अष्टमी का चित्र मंगलवार दीवार पर लगाये तथा उसका पूजन कर सूर्यास्त के बाद अर्थात तारे निकलने पर अहोई माता की पूजा करने से पहले पृथ्वी को पवित्र करके चौक पूर कर एक लोटा जल भरकर एक पटरे पर कलश की भांति रखकर पूजा करें| अहोई माता का पूजन करके माताएँ कहानी सुनें|

पूजा के लिए माताएँ पहले से एक चाँदी की अहोई बनाये जिसे स्याऊ कहते हैं और उसमें चाँदी के दो दाने (मोती डलवा लें) जिस प्रकार गले के हार में पैंडिल लगा होता है उसी की तरह चाँदी की अहोई डलवा लें और डोरे में चाँदी के दाने डलवा लें| फिर अहोई की रोली, चावल, दूध व भात से पूजा करें| जल से भरे लोटे पर सतिया बना लें|

एक कटोरी में हलवा तथा रुपए बायना निकालकर रख लें और सात दाने गहूँ के लेकर कहानी सुने| कहानी सुनने के बाद अहोई स्याऊ की माला गले में पहन लें| जो बायना निकालकर रखा था, उसे सासू जी के पांव लगाकर आदर पूर्वक उन्हें दे दें| इसके बाद चन्द्रमा को अध्र्य देकर स्वयं भोजन करें|

दीपावली के बाद किसी शुभ दिन अहोई को गले से उतारकर उसका गुड़ में भोग लगाये और जल के छींटे देकर मस्तक झुकाकर रख दें|

जितने बेटे हैं उतनी बार तथा जितने बेटों का विवहा हो गया हो उतनी बार चाँदी के दो-दो दाने अहोई में डालते जायें| ऐसा करने से अहोई माता प्रसन्न हो बच्चों की दीर्घायु करके घर में नित नए मंगल करती रहतीं हैं| इस दिन पंडितों को पेठा दान करने से शुभ फल की प्राप्ति होती है|

********************************************

- अहोई का उजमन:

जिस स्त्री को बेटा हुआ हो अथवा बेटे का विवाह हुआ हो तो उसे अहोई माता का उजमन करना चाहिए| एक थाली में सात-सात पूडियाँ रखकर उनपर थोड़ा थोड़ा हलवा रखें| इसके साथ ही एक साड़ी ब्लाउज उस पर सामर्थ्यानुसार रूपये रखकर थाली के चारो ओर हाथ फेरकर श्रद्धापूर्वक सासू जी के पांव लगवाकर वह सभी समान सासू जी को दे दें| तीयल तथा रूपये सासू जी अपने पास रख लें तथा हलवा पूरी का बायना बाँट दें| बहन-बेटी के यहाँ भी बायना भेजना चाहिए|

********************************************

- होई आठें व्रतकथा:

एक साहुकार था जिसके सात बेटे थे, सात बहुएँ तथा एक बेटी थी दीवाली से पहले कार्तिक बदी अष्टमी का सांतो बहुएँ अपनी इकलौती ननद के साथ जंगल में मिट्टी खोद रही थी । वही स्याहू (सेई) की माँद थी। मिट्टी खोदते समय ननद के हाथ से सेई का बच्चा मर गया। स्याहु माता बोली कि मै तेरी कोख बाँधूँगी।

तब ननद अपनी सातो भाभियो से बोली कि तुमसे से मेरे बदले कोख बधवाने से इन्कार कर दिया परन्तु छोटी भाभी सोचने लगी कि यदि मैं कोख नही बँधवाऊँगी तो सासू नाराज होगी ऐसा विचार कर ननद के बदले में छोटी भाभी ने अपनी कोख बँधवा ली। इसके बाद जब उससे जो लडका होता तो सात दिन बार मर जाता ।

एक दिन उसने पंडत का बुलाकर पूछा मेरी संतान सातवे दिन क्यो मर जाती है? तब पंडित ने कहा कि तुम सुरही गाय की पुजा करो सुरही गाय स्याहु माता की भायली है वह तेरी कोख तब मेरा बच्चा जियेगा । इसके बाद से वह बहु प्रातः काल उठकर चुपचाप सुरही गाय के नीचे सफाई आदि कर जाती है। गौ माता बोली कि आजकल कौन मेरी सेवा कर रहा है।

सो आज देखूँगी। गौ माता खूब तडके उठी, क्या देखती है कि एक साहूकार के बेटे की बहू उसके नीचे सफाई आदि कर रही है। गौ माता उससे बोली मैं तेरी सेवा से प्रसन्न हूँ। इच्छानुसार जो चाहे माँग लो। तब साहूकर की बहू बोली कि स्याऊ माता तुम्हारी भायली है

और उसने मेरी कोख बाँध रखी है सो मेरी कोख खुलवा दो।

गौ माता ने कहा अच्छा, अब तो गौ माता समुंद्र पार अपनी भायली के पास उसको लेकर चली। रास्ते में कडी धूप थी सो वो दोनो एक पेड के नीचे गरूड पंखानी(पक्षी) का बच्चा था। साँप उसको डसने लगा तब साहुकार की बहू ने साँप मारकर ढाल के नीचे दबा दिया और बच्चो का बचा लिया थोडी देर मे गरूड पंखनी आई जो वहा खून पडा देखकर साहूकार की बहू को चोच मारने लगी। तब साहूकारनी बोली कि मैने तेरे बच्चो को नही मारा बल्कि साँप मेरे बच्चे को डसने को आया था मैने तो उससे तेरे बच्चे की रक्षा की है।

यह सुनकर गरूड पंखनी बोली कि माँग तू क्या माँगती है? वह बोली सात समुद्र पर स्याऊ माता के पास पहुचा दे। गरूड पंखनी ने दोनो को अपनी पीठ पर बैठाकर स्याऊ माता के पास पहुचा दिया। स्याऊ माता उन्हे देखकर बोली कि बहन बहुत दिनो मे आई, फिर कहने लगी कि बहन मेरे सिर में जूँ पड गई। तब सुरही के कहने पर साहुकार की बहु ने सलाई से उनकी जुएँ निकाल दी। इस पर स्याऊ माता प्रसन्न हो बोली कि तुने मेरे सिर में बहुत सलाई डाली है इसलिये सात बेटे और बहु होगी।

वह बोली मेरे तो एक भी बेटा नही है सात बेटा कहाँ से होगे। स्याऊ माता बोली- वचन दिया, वचन से फिरूँ तो धोबी कुण्ड पर कंकरी होऊँ। जब साहुकार की बहु बोली मेरी कोख तो तुम्हारे पास बन्द पडी है यह सुनकर स्याऊ माता बोली कि तुने मुझे बहुत ठग लिया, मे तेरी कोख खोलती जो नही परन्तु अब खोलनी पडेगी।

जा तेरे घर तुझे सात बेटे और सात बहुए मिलेगी तू जाकर उजमन करियो। सात अहोई बनाकर सात कढाई करियो। वह लौटकर घर आई तो देखा सात बेटे सात बहुए बैठी है वह खुश होगई। उसने सात अहोई बनाई, साज उजमन किए तथा सात कढाई की।

रात्रि के समय जेठानियाँ आपस मे कहने लगी कि जल्दी जल्दी नहाकर पूजा कर लो, कही छोटी बच्चो को याद करके रोने लग। थोडी देर में उन्होने अपने बच्चो से कहा- अपनी चाची के घर जाकर देख आओ कि वह आज अभी तक रोई क्यो नही।

बच्चो ने जाकर कहा कि चाची तो कुछ माडँ रही है खूब उजमन हो रहा है। यह सूनते ही जेठानियो दौडी-दौडी उसके घर आई और जाकर कहने लगी कि तूने कोख कैसे छुडाई? वह बोली तुमने तो कोख बधाई नही सो मैने कोख खोल दी है। स्याऊ माता ने कृपा करके मेरी कोख खोली उसी प्रकार हमारी भी खोलियो। कहने वाले तथा सुनने वाले की तथा सब परिवार की कोख खोलियो।

# 26

# गणगौर व्रतकथा

* गणगौर व्रतकथा

यह चैत्र मास की शुक्ल पक्ष की तृतीया को मनाया जाता है| इस दिन सौभाग्यवती स्त्रियाँ व्रत रखती हैं| कहावत है कि इस दिन पार्वती जी ने भगवान शंकर से सोभाग्यवती रहने का वरदान प्राप्त किया था, तथा पार्वती जी ने अन्य स्त्रियों को सौभाग्यवती रहने का वरदान दिया था|

*************************************************

* विधि:

पूजा के समय रेणुका की गौर बनाकर उस पर महावर और सिंदूर चढ़ाने का विशेष प्रावधान है| चन्दन, अक्षत, धूपबत्ती, दीप, नैवध्ये से पूजन करके भोग लगाया जाता है| विवाहित स्त्रियों को गौर पर चढ़ाये सिंदूर को अपनी माँग में लगाना चाहिए|

*************************************************

* गणगौर व्रतकथा:

एक बार भगवान शंकर पार्वती जी एवं नारदजी के साथ भ्रमण हेतु चल दिए । वे चलते चलते चैत्र शुक्ल तृतीया को एक गाँव में पहुचे । उनका आना सुनकर ग्राम की निर्धन स्त्रियाँ उनके स्वागत के लिए थालियो में हल्दी अक्षत लेकर पूजन हतु तुरतं पहुँच गई । पार्वती जी ने उनके पूजा भाव को समझकर सारा सुहाग रस उन पर छिडक दिया । वे अटल सुहाग प्राप्त कर लौटी । धनी वर्ग कि स्त्रियाँ थोडी देर बाद अनेक प्रकार के पकवान सोने चाँदी के थालो में सजाकर पहुँची।

इन स्त्रियाँ को देखकर भगवान् शंकर ने पार्वती से कहा- ”तुमने सारा सुहाग रस तो निर्धन वर्ग की स्त्रियों को ही दे दिया । अब इन्हें क्या दोगी“? पार्वतीजी बोली- प्राणनाथ! उन स्त्रियों को ऊपरी पदार्थो से बना रस दिया गया हैं । इसलिए उनका रस धोती से रहेगा ।

परन्तु मैं इन धनी वर्ग की स्त्रियों को अपनी अंगुली चीरकर रक्त का सुहाग रस दूँगी जो मेरे समान सौभाग्यवती हो जाएँगी । जब इन स्त्रियों ने पूजन समाप्त कर लिया तब पार्वती जी ने अपनी अंगुली चीरकर उस रक्त को उनके ऊपर छिडक दिया । जिस पर जैसे छींटें पडे उसने वैसा ही सुहाग पा लिया ।

इसके बाद पार्वती जी अपने पति भगवान शंकर से आज्ञा लेकर नदी में स्नान करने चली गई । स्नान करने के पश्चात् बालू की शिवजी की मूर्ति बनाकर पूजन किया । भोग लगाया तथा प्रदक्षिणा करके दो कणों का प्रसाद खाकर मस्तक पर टीका लगाया।

उसी समय उस पार्थिव लिंग से शिवजी प्रकट हुए तथा पार्वती को वरदान दिया- ”आज के दिन जो स्त्री मेरा पूजन और तुम्हारा व्रत करेगी उसका पति चिरंजीवी रहेगा तथा मोक्ष को प्राप्त होगा।“ भगवान शिव यह वरदान देकर अन्तर्धान हो गए । इतना सब करते करते पार्वती जी को काफी समय लग गया । पार्वतीजी नदी के तट से चलकर उस स्थान पर आई जहाँ पर भगवान शंकर व नारदजी को छोडकर गई थी ।

शिवजी ने विलम्ब से आने का कारण पूछा तो इस पर पार्वती जी बोली, ” मेरे भाई-भावज नदी किनारे मिल गए थे । उन्होने मुझसे दूध भात खाने तथा ठहरने का आग्रह किया । इसी कारण से आने में देर हो गई।“ ऐसा जानकर अन्तर्यामी भगवान शंकर भी दूध भात खाने क लालच में नदी तट की ओर चल दिए ।

पार्वतीजी ने मौन भाव से भगवान शिवजी का ही ध्यान करके प्रार्थना की, ”भगवान आप अपनी इस अनन्य दासी की लाज रखिए।“ प्रार्थना करती हुई पार्वती जी उनके पीछे पीछे चलने लगी ।

उन्हे दूर नदी तट पर माया का महल दिखाई दिया । वहाँ महल के अन्दर शिवजी के साले तथा सहलज ने शिव पार्वती का स्वागत किया । वे दो दिन वहाँ रहे । तीसरे दिन पार्वती जी ने शिवजी से चलने के लिए कहा तो भगवान शिव चलने को तैयार न हुए । तब पार्वती जी रूठकर अकेली ही चल दी ।

ऐसी परिस्थिति में भगवान शिव को भी पार्वती के साथ चलना पडा । नारदजी भी साथ चल दिए । चलते चलते भगवान शंकर बोले, ” मैं तुम्हारे मायके में अपनी माला भूल आया । माला लाने के लिए पार्वतीजी तैयार हुई तो भगवान ने पार्वतीजी को न भेजकर नारद जी को भेजा । वहाँ पहुचने पर नारद जी को कोई महल नजर नही आया । वहाँ दूर दूर तक जंगल ही जंगल था ।

सहसा बिजली कौंधी । नारदजी को शिवजी की माला एक पेड पर टंगी दिखाई दी । नारदजी ने माला उतारी और शिवजी के पास पहुँच कर यात्रा कर कष्ट बताने लगे ।

शिवजी हँसकर कहने लगे- यह सब पार्वती की ही लीला हैं । इस पर पार्वती जी बोली- मैं किस योग्य हूँ । यह सब तो आपकी ही कृपा हैं । ऐसा जानकर महर्षि नारदजी ने माता पार्वती तथा उनके पतिव्रत प्रभाव से उत्पन्न घटना की मुक्त कंठ से प्रशसा की ।

# 27
# गोवर्धन व्रतकथा

- गोवर्धन व्रतकथा

गोवर्धन पूजा में गोधन यानी गायों की पूजा की जाती है. शास्त्रों में बताया गया है कि गाय उसी प्रकार पवित्र होती जैसे नदियों में गंगा. गाय को देवी लक्ष्मी का स्वरूप भी कहा गया है. देवी लक्ष्मी जिस प्रकार सुख समृद्धि प्रदान करती हैं उसी प्रकार ग माता भी अपने दूध से स्वास्थय रूपी धन प्रदान करती हैं.

इनका बछड़ा खेतों में अनाज उगाता है. इस तरह ग सम्पूर्ण मानव जाति के लिए पूजनीय और आदरणीय है. ग के प्रति श्रद्धा प्रकट करने के लिए ही कार्तिक शुक्ल पक्ष प्रतिपदा के दिन गोवर्धन की पूजा की जाती है और इसके प्रतीक के रूप में गाय की पूजा की जाती है। इस दिन गोवर्धन पर्वत की पूजा का भी विधान है। देश विदेश से लोग इस दिन गोवर्धन पर्वत की पजा के लिए आते हैं।

- गोवर्धन पूजा कथा

गोवर्धन पूजा के सम्बन्ध में एक लोकगाथा प्रचलित है. कथा यह है कि देवराज इन्द्र को अभिमान हो गया था. इन्द्र का अभिमान चूर करने हेतु भगवान श्री कृष्ण जो स्वयं लीलाधारी श्री हरि विष्णु के अवतार हैं ने एक लीला रची. प्रभु की इस लीला में यूं हुआ कि एक दिन उन्होंने देखा के सभी बृजवासी उत्तम पकवान बना रहे हैं और किसी पूजा की तैयारी में जुटे.

श्री कृष्ण ने बड़े भोलेपन से मईया यशोदा से प्रश्न किया " मईया ये आप लोग किनकी पूजा की तैयारी कर रहे हैं" कृष्ण की बातें सुनकर मैया बोली लल्ला हम देवराज इन्द्र की पूजा के लिए अन्नकूट की तैयारी कर रहे हैं. मैया के ऐसा कहने पर श्री कृष्ण बोले मैया हम इन्द्र की पूजा क्यों करते हैं? मैईया ने कहा वह वर्षा करते हैं जिससे अन्न की पैदावार होती है

उनसे हमारी गायों को चारा मिलता है.

भगवान श्री कृष्ण बोले हमें तो गोवर्धन पर्वत की पूजा करनी चाहिए क्योंकि हमारी गायें वहीं चरती हैं, इस दृष्टि से गोवर्धन पर्वत ही पूजनीय है और इन्द्र तो कभी दर्शन भी नहीं देते व पूजा न करने पर क्रोधित भी होते हैं अत: ऐसे अहंकारी की पूजा नहीं करनी चाहिए.

लीलाधारी की लीला और माया से सभी ने इन्द्र के बदले गोवर्धन पर्वत की पूजा की. देवराज इन्द्र ने इसे अपना अपमान समझा और मूसलाधार वर्षा शुरू कर दी. प्रलय के समान वर्षा देखकर सभी बृजवासी भगवान कृष्ण को कोसने लगे कि, सब इनका कहा मानने से हुआ है.

तब मुरलीधर ने मुरली कमर में डाली और अपनी कनिष्ठा उंगली पर पूरा गोवर्धन पर्वत उठा लिया और सभी बृजवासियों को उसमें अपने गाय और बछड़े समेत शरण लेने के लिए बुलाया. इन्द्र कृष्ण की यह लीला देखकर और क्रोधित हुए फलत: वर्षा और तेज हो गयी. इन्द्र का मान मर्दन के लिए तब श्री कृष्ण ने सुदर्शन चक्र से कहा कि आप पर्वत के ऊश्वपर रहकर वर्षा की गति को नियत्रित करें और शेषनाग से कहा आप मेड़ बनाकर पानी को पर्वत की ओर आने से रोकें.

इन्द्र लगातार सात दिन तक मूसलाधार वर्षा करते रहे तब उन्हे एहसास हुआ कि उनका मुकाबला करने वाला कोई आम मनुष्य नहीं हो सकता अत: वे ब्रह्मा जी के पास पहुंचे और सब वृतान्त कह सुनाया. ब्रह्मा जी ने इन्द्र से कहा कि आप जिस कृष्ण की बात कर रहे हैं वह भगवान विष्णु के साक्षात अंश हैं और पूर्ण पुरुषोतम नारायण हैं.

ब्रह्मा जी के मुंख से यह सुनकर इन्द्र अत्यंत लज्जित हुए और श्री कृष्ण से कहा कि प्रभु मैं आपको पहचान न सका इसलिए अहंकारवश भूल कर बैठा. आप दयालु हैं और कृपालु भी इसलिए मेरी भूल क्षमा करें. इसके पश्चात देवराज इन्द्र ने मुरलीधर की पूजा कर उन्हें भोग लगाया.

********************************************************


- गोवर्धन पूजा विधि


इस पराणिक घटना के बाद से ही गोवर्धन पूजा की जाने लगी. बृजवासी इस दिन गोवर्धन पर्वत की पूजा करते हैं. गाय बैल को इस दिन स्नान कराकर उन्हें रंग लगाया जाता है व उनके गले में नई रस्सी डाली जाती है. गाय और बैलों को गुड़ और चावल मिलाकर खिलाया जाता है.

# 28

# मंगला गौरी व्रतकथा

- मंगला गौरी व्रतकथा

मंगल को वैवाहिक जीवन के लिए अमंगलकारी माना जाता है क्योंकि कुण्डली में मंगल की विशेष स्थिति के कारण ही मंगलिक योग बनता है जो दांपत्य जीवन में कलह और विभिन्न समस्याओं का कारण बनता है।

मंगल की शांति के लिए मंगलवार का व्रत और हनुमान जी की पूजा को उत्तम माना जाता है। लेकिन अन्य दिनों की अपेक्षा सावन मास के मंगल का विशेष महत्व है। शास्त्रों में खास तौर पर स्त्रियों के लिए सावन मास के मंगल को सौभाग्य दायक बताया गया है।

शास्त्रों के अनुसार जो नवविवाहित स्त्रियां सावन मास में मंगलवार के दिन व्रत रखकर मंगला गौरी की पूजा करती हैं उनके पति पर आने वाला संकट टल जाता है और वह लंबे समय तक दांपत्य जीवन का आनंद प्राप्त होता हैं। आज यही शुभ व्रत है। इस व्रत से दोष की शांति कर सकते हैं और दांपत्य जीवन को खुशहाल बना सकते हैं।

***************************************************

- मंगला गौरी व्रत कथा

इस व्रत के विषय में कथा है कि एक सेठ का कोई पुत्र नहीं था। काफी प्रतीक्षा के बाद उसे एक संतान की प्राप्ति हुई, लेकिन उसकी आयु कम थी। सोलहवें वर्ष में सांप के काटने से उसकी मृत्यु होनी थी। संयोग से उसकी शादी एक ऐसी कन्या से हुई जिसकी मां मंगला गौरी का व्रत करती थी। इस व्रत के प्रभाव के कारण उत्पन्न कन्या के जीवन में वैधव्य का दुःख आ नहीं सकता था। इससे सेठ के पुत्र की अकाल मृत्यु टल गयी और वह दीर्घायु हो गया।

***************************************************

- व्रत की विधि

इस व्रत की विधि के विषय में बताया गया है कि व्रत करने वाले को माता मंगला गौरी की प्रतिमा को सामने रखकर संकल्प करना चाहिए कि वह संतान, सौभाग्य और सुख की प्राप्ति के लिए मंगला गौरी का व्रत रख रही है।

व्रती को एक आटे का दीपक बनाकर उसमें सोलह बातियां जलानी चाहिए इसके बाद सोलह लड्डू,सोलह फल,सोलह पान,सोलह लवंग और ईलायची के साथ सुहाग की सामग्री माता के सामने रखकर उनकी पूजा करें। पूजा के बाद लड्डू सासु मां को दें और शेष सामग्री किसी ब्राह्मण को दें। अगले दिन मंगला गौरी की प्रतिमा को नदी अथवा तालाब में विसर्जित कर दें।

**************************************************

- पुरूष क्या करें

ज्योतिषशास्त्र के अनुसार इस व्रत से मंगलिक योग का कुप्रभाव भी काम होता है। पुरूषों को इस दिन मंगलवार का व्रत रखकर भगवान शिव और माता पार्वती की पूजा करनी चाहिए। इससे उनकी कुण्डली में मौजूद मंगल का अशुभ प्रभाव कम होता है और दांपत्य जीवन में खुशहाली आती है।

# 29

# गणेश चतुर्थी (संकट चौथ व्रतकथा)

- गणेश चतुर्थी (संकट चौथ व्रतकथा)

श्री गणेश चतुर्थी के दिन श्री विध्नहर्ता की पूजा- अर्चना और व्रत करने से व्यक्ति के समस्त संकट दूर होते है. माघ माह के कृष्ण पक्ष चतुर्थी के दिन को संकट चौथ के नाम से भी जाना जाता है. इस तिथि समय रात्री को चंद्र उदय होने के पश्च्यात चंद्र उदित होने के बाद भोजन करे तो अति उत्तम रहता है. तथा रात में चन्द्र को अर्ध्य देते समय नजरों को नीचे की ओर रखा जाता, इस दिन चन्द दर्शन करना शुभ नहीं माना जाता है.

हिन्दू धर्म शास्त्रों में के अनुसार भगवान श्री गणेश कई रुपों में अवतार लेकर प्राणीजनों के दुखों को दूर करते हैं. श्री गणेश मंगलमूर्ति है, सभी देवों में सबसे पहले श्री गणेश का पूजन किया जाता है. श्री गणेश क्योकि शुभता के प्रतीक है. पंचतत्वों में श्री गणेश को जल का स्थान दिया गया है. बिना गणेश का पूजन किए बिना कोई भी इच्छा पूरी नहीं होती है. विनायक भगवान का ही एक नाम अष्टविनायक भी है.

इनका पूजन व दर्शन का विशेष महत्व है. इनके अस्त्रों में अंकुश एवं पाश है, चारों दिशाओं में सर्वव्यापकता की प्रतीक उनकी चार भुजाएँ हैं, उनका लंबोदर रूप "समस्त सृष्टि उनके उदर में विचरती है" का भाव है बड़े-बड़े कान अधिक ग्राह्यशक्ति का तथा आँखें सूक्ष्म तीक्ष्ण दृष्टि की सूचक हैं, उनकी लंबी सूंड महाबुद्धित्व का प्रतीक है.

**************************************************************

- गणेश संकट चौथ व्रत का महत्व

श्री गणेश चतुर्थी का उपवास जो भी भक्त संपूर्ण श्रद्धा व विश्वास के साथ करता है, उसकी बुद्धि और ऋषि-सिद्धि की प्राप्ति होने के साथ-साथ जीवन में आने वाली विध्न बाधाओं का भी नाश होता है. सभी तिथियों में चतुर्थी तिथि श्री गणेश को सबसे अधिक प्रिय होती है. गणेश चतुर्थी के दिन, चन्द्र दर्शन वर्जित होता है, इस दिन चन्द्र दर्शन करने से व्यक्ति पर झूठे कलंक लगने की आंशका रहती है. इसलिये यह उपवास को करने वाले व्यक्ति को अर्घ्य देते समय चन्द्र की ओर न देखते हुए, नजरे नीची कर अर्घ्य देना चाहिए.

************************************************************

- श्री गणेश संकट चतुर्थी पूजन

संतान की कुशलता की कामना व लंबी आयु हेतु भगवान गणेश और माता पार्वती की विधिवत पूजा अर्चना करनी चाहिए, व्रत का आरंभ तारों की छांव में करना चाहिए व्रतधारी को पूरा दिन अन्न, जल ग्रहण किए बिना मंदिरों में पूजा अर्चना करनी चाहिए और बच्चों की दीर्घायु के लिए कामना करनी चाहिए. इसके बाद संध्या समय पूजा की तैयारी के लिए गुड़, तिल, गन्ने और मूली को उपयोग करना चाहिए. व्रत में यह सामग्री विशेष महत्व रखती है, देर शाम चंद्रोदय के समय व्रतधारी को तिल, गुड़ आदि का अर्घ्य देकर भगवान चंद्र देव से व्रत की सफलता की कामना करनी चाहिए.

माघ मास के कृष्ण पक्ष की चतुर्थी का व्रत लोक प्रचलित भाषा में इसे सकट चौथ कहा जाता है. इस दिन संकट हरण गणेशजी तथा चंद्रमा का पूजन किया जाता है, यह व्रत संकटों तथा दुखों को दूर करने वाला तथा सभी इच्छाएं व मनोकामनाएं पूरी करने वाला है. इस दिन स्त्रियां निर्जल व्रत करती हैं गणेशजी की पूजा की जाती है और कथा सुनने के बाद चंद्रमा को अर्घ्य देकर ही व्रत खोला जाता है.

************************************************************

- आरती

जय गणेश जय गणेश जय गणेश देवा।
माता जाकी पार्वती पिता महादेवा॥ x2
एकदन्त दयावन्त चारभुजाधारी
माथे पर सिन्दूर सोहे, मूसे की सवारी
पान चढ़े फूल चढ़े और चढ़े मेवा
लड्डुअन का भोग लगे सन्त करें सेवा॥ x2
जय गणेश जय गणेश जय गणेश देवा।
माता जाकी पार्वती पिता महादेवा॥
अँधे को आँख देत कोढ़िन को काया

बाँझन को पुत्र देत निर्धन को माया। x2
'सूर' श्याम शरण आए सफल कीजे सेवा
माता जाकी पार्वती पिता महादेवा॥ x2
जय गणेश जय गणेश जय गणेश देवा।
माता जाकी पार्वती पिता महादेवा॥
दीनन की लाज राखो, शम्भु सुतवारी
कामना को पूर्ण करो, जग बलिहारी॥
'सूर' श्याम शरण आए सफल कीजे सेवा
माता जाकी पार्वती पिता महादेवा॥ x2
जय गणेश जय गणेश जय गणेश देवा।
माता जाकी पार्वती पिता महादेवा॥

# 30

# संतोषी माता व्रतकथा

- संतोषी माता व्रतकथा

माता संतोषी का व्रत पूजन करने से धन, विवाह संतानादि भौतिक सुखों में वृद्धि होती है. यह व्रत शुक्ल पक्ष के प्रथम शुक्रवार से शुरू किया जाता है .

************************************************

- संतोषी माता के व्रत की पूजन विधि

सुख-सौभाग्य की कामना से माता संतोषी के 16 शुक्रवार तक व्रत किए जाने का विधान है.

* सूर्योदय से पहले उठकर घर की सफ़ाई इत्यादि पूर्ण कर लें.

स्नानादि के पश्चात घर में किसी सुन्दर व पवित्र जगह पर माता संतोषी की प्रतिमा या चित्र स्थापित करें.

* माता संतोषी के संमुख एक कलश जल भर कर रखें. कलश के ऊपर एक कटोरा भर कर गुड़ व चना रखें.

* माता के समक्ष एक घी का दीपक जलाएं.

* माता को अक्षत, फूल, सुगन्धित गंध, नारियल, लाल वस्त्र या चुनरी अर्पित करें.

* माता संतोषी को गुड़ व चने का भोग लगाएँ.

* संतोषी माता की जय बोलकर माता की कथा आरम्भ करें.

इस व्रत को करने वाला कथा कहते व सुनते समय हाथ में गुड़ और भुने हुए चने रखे. सुनने वाला प्रगट 'संतोषी माता की जय' इस प्रकार जय जयकार मुख से बोलता जावे. कथा समाप्त होने पर हाथ का गुड़ और चना गाय को खिला देवें. कलश के ऊपर रखा गुड़ और चना सभी को प्रसाद के रूप में बांट देवें. कथा से पहले कलश को जल से भरे और उसके ऊपर

गुड़ व चने से भरा कटोरा रखे. कथा समाप्त होने और आरती होने के बाद कलश के जल को घर में सब जगहों पर छिड़कें और बचा हुवा जल तुलसी की क्यारी में सींच देवें. बाज़ार से गुड़ मोल लेकर और यदि गुड़ घर में हो तो वही काम में लेकर व्रत करे. व्रत करने वाले को श्रद्धा और प्रेम से प्रसन्न मन से व्रत करना चाहिए.

विशेष: इस दिन व्रत करने वाले स्त्री-पुरुष को ना ही खट्टी चीजें हाथ लगानी चाहिए और ना ही खानी चाहिए.

*********************************************************

- संतोषी माता की व्रत कथा

एक बुढिया थी जिसके सात बेटे थे. उनमे से छः कमाते थे और एक न कमाने वाला था. वह बुढिया उन छयों को अच्छी रसोई बनाकर बड़े प्रेम से खिलाती पर सातवें को बचा-खुचा झूठन खिलाती थी. परन्तु वह भोला था अतः मन में कुछ भी विचार नहीं करता था. एक दिन वह अपनी पत्नी से बोला – देखो मेरी माता को मुझसे कितना प्रेम है? उसने कहा वह तुम्हें सभी की झूठन खिलाती है, फिर भी तुम ऐसा कहते हो चाहे तो तुम समय आने पर देख सकते हो.

एक दिन बहुत बड़ा त्यौहार आया. बुढिया ने सात प्रकार के भोजन और चूरमे के लड्डू बनाए. सातवाँ लड़का यह बात जांचने के लिए सिर दुखने का बहाना करके पतला कपडा ओढ़कर सो गया और देखने लगा माँ ने उनको बहुत अच्छे आसनों पर बिठाया और सात प्रकार के भोजन और लड्डू परोसे. वह उन्हें बड़े प्रेम से खिला रही है. जब वे छयो उठ गए तो माँ ने उनकी थालियों से झूठन इकट्ठी की और उनसे एक लड्डू बनाया. फिर वह सातवें लड़के से बोली "अरे रोटी खाले." वह बोला ' माँ मैं भोजन नहीं करूँगा मैं तो परदेश जा रहा हूँ.' माँ ने कहा – 'कल जाता है तो आज ही चला जा.' वह घर से निकल गया. चलते समय उसे अपनी पत्नी की याद आयी जो गोशाला में कंडे थाप रही थी. वह बोला – "हम विदेश को जा रहे है, आएंगे कछु काल. तुम रहियो संतोष से, धरम अपनों पाल."

इस पर उसकी पत्नी बोली

जाओ पिया आनन्द से, हमारी सोच हटाए.

राम भरोसे हम रहे, ईश्वर तुम्हें सहाय.

देहु निशानी आपणी, देख धरूँ मैं धीर.

सुधि हमारी ना बिसारियो, रखियो मन गंभीर.

इस पर वह लड़का बोला – 'मेरे पास कुछ नहीं है. यह अंगूठी है सो ले और मुझे भी अपनी कोई निशानी दे दे. वह बोली मेरे पास क्या है? यह गोबर भरे हाथ है. यह कहकर उसने उसकी पीठ पर गोबर भरे हाथ की थाप मार दी. वह लड़का चल दिया. ऐसा कहते है, इसी कारण से विवाह में पत्नी पति की पीठ पर हाथ का छापा मारती है.

चलते समय वह दूर देश में पहुँचा. वह एक व्यापारी की दुकान पर जाकर बोला 'भाई मुझे नौकरी पर रख लो.' व्यापारी को नौकर की जरुरत थी. अतः बोला तन्ख्वाह काम देखकर देंगे. तुम रह जाओ. वह सवेरे ७ बजे से रात की १२ बजे तक नौकरी करने लगा. थोड़े ही दिनों में सारा लेन देन और हिसाब – किताब करने लगा. सेठ के ७ – ८ नौकर चककर खाने लगे. सेठ से उसे दो तीन महीने ने आधे मुनाफे का हिस्सेदार बना दिया. बारह वर्ष में वह नामी सेठ बन गया और उसका मालिक उसके भरोसे काम छोड़कर कहीं बाहर चला गया.

उधर उसकी औरत को सास और जिठानियाँ बड़ा कष्ट देने लगी. वे उसे लकडी लेने जंगल में भेजती. भूसे की रोटी देती, फूटे नारियल में पानी देती. वह बड़े कष्ट से जीवन बिताती थी. एक दिन जब वह लकडी लेने जा रही थी तो रास्ते में उसने कई औरतों को व्रत करते देखा. वह पूछने लगी – 'बहनों यह किसका व्रत है, कैसे करते है और इससे क्या फल मिलता है ? तो एक स्त्री बोली ' यह संतोषी माता का व्रत है इसके करने से मनोवांछित फल मिलता है, इससे गरीबी, मन की चिंताएँ, राज के मुकद्दमे. कलह, रोग नष्ट होते है और संतान, सुख, धन, प्रसन्नता, शांति, मन पसंद वर मिले व बाहर गये हुए पति के दर्शन होते है.' उसने उसे व्रत करने की विधि बता दी.

उसने रास्ते में सारी लकडियाँ बेच दी व गुड और चना ले लिया. उसने व्रत करने की तैयारी की. उसने सामने एक मंदिर देखा तो पूछने लगी ' यह मंदिर किसका है ?' वह कहने लगे ' यह संतोषी माता का मंदिर है.' वह मंदिर में गई और माता के चरणों में लोटने लगी. वह दुखी होकर विनती करने लगी 'माँ ! मैं अज्ञानी हूँ. मैं बहुत दुखी हूँ. मैं तुम्हारी शरण में हूँ. मेरा दुःख दूर करो.' माता को दया आ गयी. एक शुक्रवार को उसके पति का पत्र आया और अगले शुक्रवार को पति का भेजा हुआ धन मिला. अब तो जेठ जेठानी और सास नाक सिकोड़ के कहने लगे ' अब तो इसकी खातिर बढेगी, यह बुलाने पर भी नहीं बोलेगी.'

वह बोली ' पत्र और धन आवे तो सभी को अच्छा हैं.' उसकी आँखों में आंसू आ गये. वह मंदिर में गई और माता के चरणों में गिरकर बोली हे माँ ! मैंने तुमसे पैसा कब माँगा था ? मुझे तो अपना सुहाग चाहिये. मैं तो अपने स्वामी के दर्शन और सेवा करना मांगती हूँ. तब माता ने प्रसन्न होकर कहा – 'जा बेटी तेरा पति आवेगा.' वह बड़ी प्रसन्नता से घर गई और घर का काम काज करने लगी. उधर संतोषी माता ने उसके पति को स्वप्न में घर जाने और पत्नी की याद दिलाई. उसने कहा माँ मैं कैसे जाऊँ, परदेश की बात है, लेन – देन का कोई हिसाब नहीं है.' माँ ने कहा मेरी बात मान सवेरे नहा – धोकर मेरा नाम लेकर घी का दीपक जलाकर दंडवत करके दुकान पर बैठना. देखते देखते सारा लेन – देन साफ़ हो जायेगा. धन का ढेर लग जायेगा.

सवेरे उसने अपने स्वप्न की बात सभी से कही तो सब दिल्लगी उडाने लगे. वे कहने लगे कि कही सपने भी सत्य होते है. पर एक बूढे ने कहा ' भाई ! जैसे माता ने कहा है वैसे करने में का डर है ?' उसने नहा धोकर, माता को दंडवत करने घी का दीपक जलाया और दुकान पर जाकर बैठ जाया. थोडी ही देर में सारा लेन देन साफ़ हो गया, सारा माल बिक गया और धन

का ढेर लग गया. वह प्रसन्न हुआ और घर के लिए गहने और सामान वगेरह खरीदने लगा| वह जल्दी ही घर को रवाना हो गया.

उधर बेचारी उसकी पत्नी रोज़ लकडियाँ लेने जाती और रोज़ संतोषी माता की सेवा करती. उसने माता से पूछा – हे माँ ! यह धूल कैसी उड़ रही है ? माता ने कहा तेरा पति आ रहा है. तूं लकडियों के तीन बोझ बना लें. एक नदी के किनारे रख, एक यहाँ रख और तीसरा अपने सिर पर रख ले. तेरे पति के दिल में उस लकडी के गट्ठे को देखकर मोह पैदा होगा. जब वह यहाँ रुक कर नाश्ता पानी करके घर जायेगा, तब तूँ लकडियाँ उठाकर घर जाना और चोक के बीच में गट्ठर डालकर जोर जोर से तीन आवाजें लगाना, " सासूजी ! लकडियों का गट्ठा लो, भूसे की रोटी दो और नारियल के खोपडे में पानी दो. आज मेहमान कौन आया है ?" इसने माँ के चरण छूए और उसके कहे अनुसार सारा कार्य किया.

वह तीसरा गट्ठर लेकर घर गई और चोक में डालकर कहने लगी "सासूजी ! लकडियों का गट्ठर लो, भूसे की रोटी दो, नारियल के खोपडे में पानी दो, आज मेहमान कौन आया है ?" यह सुनकर सास बाहर आकर कपट भरे वचनों से उसके दिए हुए कष्टों को भुलाने ले लिए कहने लगी 'बेटी ! तेरा पति आया है. आ, मीठा भात और भोजन कर और गहने कपडे पहन.' अपनी माँ के ऐसे वचन सुनकर उसका पति बाहर आया और अपनी पत्नी के हाथ में अंगूठी देख कर व्याकुल हो उठा. उसने पूछा ' यह कौन है ?' माँ ने कहा ' यह तेरी बहू है आज बारह बरस हो गए, यह दिन भर घूमती फिरती है, काम – काज करती नहीं है, तुझे देखकर नखरे करती है. वह बोला ठीक है. मैंने तुझे और इसे देख लिया है, अब मुझे दुसरे घर की चाबी दे दो, मैं उसमे रहूँगा.

माँ ने कहा ' ठीक है, जैसी तेरी मरजी.' और उसने चाबियों का गुच्छा पटक दिया. उसने अपना सामान तीसरी मंजिल के ऊपर के कमरे में रख दिया. एक ही दिन में वे राजा के समान ठाठ – बाठ वाले बन गये. इतने में अगला शुक्रवार आया. बहू ने अपनी पति से कहा – मुझे संतोषी माता के व्रत का उद्यापन करना है.

वह बोला बहुत अच्छा ख़ुशी से कर ले. जल्दी ही उद्यापन की तैयारी करने लगी. उसने जेठ के लड़कों को जीमने के लिए कहा. उन्होंने मान लिया. पीछे से जिठानियों ने अपने बच्चों को सिखादिया ' तुम खटाई मांगना जिससे उसका उद्यापन पूरा न हो.' लड़कों ने जीम कर खटाई मांगी. बहू कहने लगी ' भाई खटाई किसी को नहीं दी जायेगी. यह तो संतोषी माता का प्रसाद है.' लडके खड़े हो गये और बोले पैसा लाओ| वह भोली कुछ न समझ सकी उनका क्या भेद है| उसने पैसे दे दिये और वे इमली की खटाई मंगाकर खाने लगे.

इस पर संतोषी माता ने उस पर रोष किया. राजा के दूत उसके पति को पकड़ कर ले गये. वह बेचारी बड़ी दुखी हुई और रोती हुई माताजी के मंदिर में गई और उनके चरणों में गिरकर कहने लगी ' हे ! माता यह क्या किया ? हँसाकर अब तूँ मुझे क्यों रुलाने लगी ?' माता बोली पुत्री मुझे दुःख है कि तुमने अभिमान करके मेरा व्रत तोडा है और इतनी जल्दी सब बातें भुला दी. वह कहने लगी – ' माता ! मेरा कोई अपराध नहीं है. मुझे तो लड़को ने भूल में दल दिया.

मैंने भूल से ही उन्हें पैसे दे दिये.

माँ मुझे क्षमा करो मैं दुबारा तुम्हारा उद्यापन करूँगी.' माता बोली ' जा तेरा पति रास्ते में आता हुआ ही मिलेगा.' उसे रास्ते में उसका पति मिला. उसके पूछने पर वह बोला ' राजा ने मुझे बुलाया था ' मैं उससे मिलने गया था. वे फिर घर चले गये

कुछ ही दिन बाद फिर शुक्रवार आया. वह दुबारा पति की आज्ञा से उद्यापन करने लगी. उसने फिर जेठ के लड़को को बुलावा दिया.

जेठानियों ने फिर वहीं बात सिखा दी. लड़के भोजन की बात पर फिर खटाई माँगने लगे. उसने कहा ' खटाई कुछ भी नहीं मिलेगी आना हो तो आओ.' यह कहकर वह ब्राह्मणों के लड़को को लाकर भोजन कराने लगी. यथाशक्ति उसने उन्हें दक्षिणा दी. संतोषी माता उस पर बड़ी प्रसन्न हुई, माता की कृपा से नवमे मास में उसके एक चंद्रमा के समान सुन्दर पुत्र हुआ. अपने पुत्र को लेकर वह रोजाना मंदिर जाने लगी.

एक दिन संतोषी माता ने सोचा कि यह रोज़ यहाँ आती है. आजमैं इसके घर चलूँ. इसका सासरा देखूं. यह सोचकर उसने एक भयानक रूप बनाया. गुड़ व् चने से सना मुख, ऊपर को सूँड के समान होठ जिन पर मक्खियां भिनभिना रही थी.

इसी सूरत में वह उसके घर गई. देहली में पाँव रखते ही उसकी सास बोली ' देखो कोई डाकिन आ रही है, इसे भगाओ नहीं तो किसी को खा जायेगी.' लड़के भागकर खिड़की बन्द करने लगे. सातवे लड़के की बहु खिड़की से देख रही थी. वह वही से चिल्लाने लगी ” आज मेरी माता मेरे ही घर आई है.' यह कहकर उसने बच्चे को दूध पीने से हटाया. इतने में सास बोली ' पगली किसे देख कर उतावली हुई है, बच्चे को पटक दिया है.'

इतने में संतोषी माता के प्रताप से वहाँ लड़के ही लड़के नज़र आने लगे. बहू बोली ” सासूजी मैं जिसका व्रत करती हूँ, यह वो ही संतोषी माता हैं. यह कह कर उसने सारी खिड़कियां खोल दी. सबने संतोषी माता के चरण पकड़ लिए और विनती कर कहने लगे – “हे माता ! हम मूर्ख हैं, अज्ञानी है, पापिनी है, तुम्हारे व्रत की विधि हम नहीं जानती, तुम्हारा व्रत भंग कर हमने बहुत बड़ा अपराध किया है. हे जगत माता ! आप हमारा अपराध क्षमा करो.” इस पर माता उन पर प्रसन्न हुई. बहू को जैसा फल दिया वैसा माता सबको दें

**********************************************************

• आरती

जय संतोषी माता मैया जय संतोषी माता |
अपने सेवक जन को सुख सम्पत्ति दाता ||
सुन्दर चीर सुनहरी माँ, धारण कीन्हों |
हीरा पन्ना दमके, तन श्रृंगार लीन्हों ||
गेरु लाल घटा छवि, बदन कमल सोहे |
मन्द हँसत करुणामयी, त्रिभुवन मन मोहे ||

स्वर्ण सिंहासन बैठी, चँवर ढूरे प्यारे |
धुप, दीप, मधुमेवा, भोग धरे न्यारे ||
गुड़ अरु चना परम प्रिय, तामे संतोष कियो |
संतोषी कहलाई, भक्तन वैभव दियो ||
शुक्रवार प्रिय मानत, आज दिवस सोही |
भक्त मण्डली छाई, कथा सुनत मोही ||
मन्दिर जगमग ज्योति, मंगल ध्वनि छाई |
विनय करें हम बालक, चरनन सिर नाई ||
भक्ति भावमय पूजा अंगीकृत कीजै |
जो मन बसै हमारे, इच्छा फल दीजै ||
दुखी, दरिद्री, रोगी, संकट मुक्त किए |
बहु धन - धान्य भरे घर, सुख सौभाग्य दिए ||
ध्यान धर्यो जो नर तेरो, मनवांछित फल पायो |
पूजा कथा श्रवणकर, घर आंनद आयो ||
शरण गहे की लज्जा, राखियो जगदम्बे |
संकट तू ही निवारे, दयामयी अम्बे ||
संतोषी माँ की आरती, जो कोई नर गावे |
ऋद्दिध - सिद्दिध सुख - सम्पत्ति, जी भर के पावे ||

# 31

# सत्यनारायण व्रतकथा

- सत्यनारायण व्रतकथा

1. प्रथम अध्याय

व्यास जी ने कहा- एक समय की बात है। नैमिषारण्य तीर्थ में शौनकादिक अठ्ठासी हजार ऋषियों नेपुराणवेत्ता श्री सूतजी से पूछा- हे सूतजी! इस कलियुग में वेद-विद्यारहित मनुष्यों को प्रभु भक्ति किस प्रकार मिलेगी तथा उनका उद्धार कैसे होगा? हेमुनिश्रेष्ठ! कोई ऐसा व्रत अथवा तप कहिए जिसके करने से थोड़े ही समय में पुण्य प्राप्त हो तथा मनवांछित फल भी मिले। हमारी प्रबल इच्छा है कि हम ऐसी कथा सुनें।

सर्वशास्त्रज्ञाता श्री सूतजी ने कहा- हे वैष्णवों में पूज्य! आप सबने प्राणियों के हित की बात पूछी है। अब मैं उस श्रेष्ठ व्रत को आपसे कहूँगा जिसे नारदजी के पूछने पर लक्ष्मीनारायण भगवान ने उन्हें बताया था। कथा इस प्रकार है। आप सब सुनें।

एक समय देवर्षि नारदजी दूसरों के हित की इच्छा से सभी लोकों में घूमते हुए मृत्युलोक में आ पहुँचे। यहाँ अनेक योनियों में जन्मे प्रायः सभी मनुष्यों को अपने कर्मों के अनुसार कई दुखों से पीड़ित देखकर उन्होंने विचार किया कि किस यत्न के करने से प्राणियों के दुःखों का नाश होगा। ऐसा मन में विचार कर श्री नारद विष्णुलोक गए।

वहाँ श्वेतवर्ण और चार भुजाओं वाले देवों के ईश नारायण को, जिनके हाथों में शंख, चक्र, गदा और पद्म थे तथा वरमाला पहने हुए थे, देखकर स्तुति करने लगे। नारदजी ने कहा- 'हे भगवन! आप अत्यंत शक्ति से संपन्न हैं, मन तथा वाणी भी आपको नहीं पा सकती, आपका आदि-मध्य-अन्त भी नहीं हैं। आप निर्गुण स्वरूप सृष्टि के कारण भक्तों के दुखों को नष्ट करने वाले हो। आपको मेरा नमस्कार है।'

नारदजीसे इस प्रकार की स्तुति सुनकर विष्णु बोले- 'हे मुनिश्रेष्ठ! आपके मन में क्या है। आपका किस काम के लिए यहाँ आगमन हुआ है? निःसंकोच कहें।' तब नारदमुनि ने

कहा- 'मृत्युलोक में सब मनुष्य, जो अनेक योनियों में पैदा हुए हैं, अपने-अपने कर्मों द्वारा अनेक प्रकार के दुःखों से पीड़ित हैं। हे नाथ! यदि आप मुझ पर दया रखते हैं तो बताइए उन मनुष्यों के सब दुःख थोड़े से ही प्रयत्न से कैसे दूर हो सकते हैं।'

विष्णु भगवान ने कहा- 'हे नारद! मनुष्यों की भलाई के लिए तुमने यह बहुत अच्छा प्रश्न किया है। जिस व्रत के करने से मनुष्य मोह से छूट जाता है, वह व्रत मैं तुमसे कहना चाहता हूँ। बहुत पुण्य देने वाला, स्वर्ग तथा मृत्यु दोनों में दुर्लभ, एक उत्तम व्रत है जो आज मैं प्रेमवश होकर तुमसे कहता हूँ।

श्री सत्यनारायण भगवान का यह व्रत विधि-विधानपूर्वक संपन्न करके मनुष्य इस धरती पर सुख भोगकर, मरने पर मोक्ष को प्राप्त होता है।' श्री विष्णु भगवान के यह वचन सुनकर नारद मुनि बोले- 'हे भगवान उस व्रत का फल क्या है? क्या विधान है? इससे पूर्व यह व्रत किसने किया है और किस दिन यह व्रत करना चाहिए। कृपया मुझे विस्तार से बताएँ।'

श्री विष्णु ने कहा- 'हे नारद! दुःख-शोक आदि दूर करने वाला यह व्रत सब स्थानों पर विजयी करने वाला है। भक्ति और श्रद्धा के साथ किसी भी दिन मनुष्य श्री सत्यनारायण भगवान की संध्या के समय ब्राह्मणों और बंधुओं के साथ धर्मपरायण होकर पूजाकरे। भक्तिभाव से नैवेद्य, केले का फल, शहद, घी, शकर अथवा गुड़, दूध और गेहूँ का आटा सवाया लें (गेहूँ के अभाव में साठी का चूर्ण भी ले सकते हैं)।

इन सबको भक्तिभाव से भगवान को अर्पण करें। बंधु-बांधवों सहित ब्राह्मणों को भोजन कराएँ। इसके पश्चात स्वयं भोजन करें। रात्रि में नृत्य-गीत आदि का आयोजन कर श्री सत्यनारायण भगवान का स्मरण करता हुआ समय व्यतीत करें। कलिकाल में मृत्युलोक में यही एक लघु उपाय है, जिससे अल्प समय और अल्प धन में महान पुण्य प्राप्त हो सकता है।

**************************************************

- दि्वतीय अध्याय

सूतजी ने कहा- 'हे ऋषियों! जिन्होंने पहले समय में इस व्रत को किया है। उनका इतिहास कहता हूँ आप सब ध्यान से सुनें। सुंदर काशीपुरी नगरी में एक अत्यंत निर्धन ब्राह्मण रहता था। वह ब्राह्मण भूख और प्यास से बेचैन होकर पृथ्वी पर घूमता रहता था। ब्राह्मणों से प्रेम करने वाले श्री विष्णु भगवान ने ब्राह्मण को देखकर एक दिन बूढ़े ब्राह्मण का रूप धारण कर निर्धन ब्राह्मण के पास जाकर आदर के साथ पूछा-'हे विप्र! तुम नित्य ही दुःखी होकर पृथ्वी पर क्यों घूमते हो? हे श्रेष्ठ ब्राह्मण! यह सब मुझसे कहो, मैं सुनना चाहता हूँ।'

दरिद्र ब्राह्मण ने कहा- 'मैं निर्धन ब्राह्मण हूँ, भिक्षा के लिए पृथ्वी पर फिरता हूँ। हे भगवन यदि आप इससे छुटकारा पाने का कोई उपाय जानते हों तो कृपा कर मुझे बताएँ।' वृद्ध ब्राह्मण का रूप धारण किए श्री विष्णु भगवान ने कहा- 'हे ब्राह्मण! श्री सत्यनारायणभगवान मनवांछित फल देने वाले हैं। इसलिए तुम उनका पूजन करो, इससे

मनुष्य सब दुःखों से मुक्त हो जाता है।' दरिद्र ब्राह्मण को व्रत का सारा विधान बताकर बूढ़े ब्राह्मण का रूप धारण करने वाले श्री सत्यनारायण भगवान अंतर्ध्यान हो गए।

जिस व्रत को वृद्ध ब्राह्मण ने बताया है, मैं उसको अवश्य करूँगा, यह निश्चय कर वह दरिद्र ब्राह्मण घर चला गया। परंतु उस रात्रि उस दरिद्र ब्राह्मण को नींद नहीं आई। अगले दिन वह जल्दी उठा और श्री सत्यनारायण भगवान का व्रत करने का निश्चय कर भिक्षा माँगने के लिए चल दिया। उस दिन उसको भिक्षा में बहुत धन मिला, जिससे उसने पूजा का सामान खरीदा और घर आकर अपने बंधु-बांधवों के साथ भगवान श्री सत्यनारायण का व्रत किया।

इसके करने से वह दरिद्र ब्राह्मण सब दुःखों से छूटकर अनेक प्रकार की सम्पत्तियों से युक्त हो गया। तभी से वह विप्र हर मास व्रत करने लगा। इसी प्रकार सत्यनारायण भगवान के व्रत को जो शास्त्रविधि के अनुसार करेगा, वह सब पापों से छूटकर मोक्ष को प्राप्त होगा। आगे जो मनुष्य पृथ्वी पर श्री सत्यनारायण भगवान का व्रत करेगा वह सब दुःखों से छूट जाएगा। इस तरह नारदजी से सत्यनारायण भगवान का कहा हुआ व्रत मैंने तुमसे कहा। हे विप्रों! अब आप और क्या सुनना चाहते हैं, मुझे बताएँ?

ऋषियों ने कहा- 'हे मुनीश्वर! संसार में इस विप्र से सुनकर किस-किस ने इस व्रत को किया यह हम सब सुनना चाहते हैं। इसके लिए हमारे मन में श्रद्धा है।'

श्री सूतजी ने कहा- 'हे मुनियों! जिस-जिस प्राणी ने इस व्रत को किया है उन सबकी कथा सुनो। एक समय वह ब्राह्मण धन और ऐश्वर्य के अनुसार बंधु-बांधवों के साथ अपने घर पर व्रत कर रहा था। उसी समय एक लकड़ी बेचने वाला बूढ़ा व्यक्ति वहाँ आया। उसने सिर पर रखा लकड़ियों का गट्ठर बाहर रख दिया और विप्र के मकान में चला गया।

प्यास से व्याकुल लकड़हारे ने विप्र को व्रत करते देखा। वह प्यास को भूल गया। उसने उस विप्र को नमस्कार किया और पूछा- 'हे विप्र! आप यह किसका पूजन कर रहे हैं? इस व्रत से आपको क्या फल मिलता है? कृपा करके मुझे बताएँ।'

ब्राह्मण ने कहा- 'सब मनोकामनाओं को पूरा करने वाला यह श्री सत्यनारायण भगवान का व्रत है। इनकी ही कृपा से मेरे यहाँ धन-धान्य आदि की वृद्धि हुई।'

विप्र से इस व्रत के बारे में जानकर वह लकड़हारा बहुत प्रसन्न हुआ। भगवान का चरणामृत ले और भोजन करने के बाद वह अपने घर को चला गया।

अगले दिन लकड़हारे ने अपने मन में संकल्प किया कि आज ग्राम में लकड़ी बेचने से जो धन मिलेगा उसी से भगवान सत्यनारायण का उत्तम व्रत करूँगा। मन में ऐसा विचार कर वह लकड़हारा लकड़ियों का गट्ठर अपने सिर पर रखकर जिस नगर में धनवान लोग रहते थे, वहाँ गया। उस दिन उसे उन लकड़ियों के चौगुने दाम मिले।

वह बूढ़ा लकड़हारा अतिप्रसन्न होकर पके केले, शकर, शहद, घी, दुग्ध, दही और गेहूँ का चूर्ण इत्यादि श्री सत्यनारायण भगवान के व्रत की सभी सामग्री लेकर अपने घर आ गया। फिर उसने अपने बंधु-बांधवों को बुलाकर विधि-विधान के साथ भगवान का पूजन और व्रत

किया। उस व्रत के प्रभाव से वह बूढ़ा लकड़हारा धन-पुत्र आदि से युक्त हुआ और संसार के समस्त सुख भोगकर बैकुंठ को चला गया।'

*************************************************

#### • तृतीय अध्याय

श्री सूतजी ने कहा- 'हे श्रेष्ठ मुनियों! अब एक और कथा कहता हूँ। पूर्वकाल में उल्कामुख नाम का एक बुद्धिमान राजा था। वह सत्यवक्ता और जितेन्द्रिय था। प्रतिदिन देवस्थानों पर जाता तथा गरीबों को धन देकर उनके कष्ट दूर करता था। उसकी पत्नी सुंदर और सती साध्वी थी। भद्रशीला नदी के तट पर उन दोनों ने श्री सत्यनारायण भगवान का व्रत किया।

उस समय वहाँ साधु नामक एक वैश्य आया। उसके पास व्यापार के लिए बहुत-सा धन था। राजा को व्रत करते देख उसने विनय के साथ पूछा- 'हे राजन! भक्तियुक्त चित्त से यह आप क्या कर रहे हैं? मेरी सुनने की इच्छा है। कृपया आप मुझे भी बताइए।' महाराज उल्कामुख ने कहा- 'हे साधु वैश्य! मैं अपने बंधु-बांधवों के साथ पुत्रादि की प्राप्ति के लिए महाशक्तिमान सत्यनारायण भगवान का व्रत व पूजन कर रहा हूँ।' राजा के वचन सुनकर साधु नामक वैश्य ने आदर से कहा- 'हे राजन! मुझे भी इसका सब विधान बताइए। मैं भी आपके कथानुसार इस व्रत को करूँगा। मेरे यहाँ भी कोई संतान नहीं है। मुझे विश्वास है कि इससे निश्चय ही मेरे यहाँ भी संतान होगी।'

राजा से सब विधान सुन, व्यापार से निवृत्त हो, वह वैश्य खुशी-खुशी अपने घर आया। वैश्य ने अपनी पत्नी लीलावती से संतान देने वाले उस व्रत का समाचार सुनाया और प्रण किया कि जब हमारे यहाँ संतान होगी तब मैं इस व्रत को करूँगा।

एक दिन उसकी पत्नी लीलावती सांसारिक धर्म में प्रवृत्त होकर गर्भवती हो गई। दसवें महीने में उसने एक सुंदर कन्या को जन्म दिया। कन्या का नाम कलावती रखा गया। इसके बाद लीलावती ने अपने पति को स्मरण दिलाया कि आपने जो भगवान का व्रत करने का संकल्प किया था अब आप उसे पूरा कीजिए।

साधु वैश्य ने कहा- 'हे प्रिय! मैं कन्या के विवाह पर इस व्रत को करूँगा।' इस प्रकार अपनी पत्नी को आश्वासन दे वह व्यापार करने चला गया। काफी दिनों पश्चात वह लौटा तो उसने नगर में सखियों के साथ अपनी पुत्री को खेलते देखा। वैश्य ने तत्काल एक दूत को बुलाकर कहा कि उसकी पुत्री के लिए कोई सुयोग्य वर की तलाश करो।

साधु नामक वैश्य की आज्ञा पाकर दूत कंचननगर पहुँचा और उनकी लड़की के लिए एक सुयोग्य वणिक पुत्र ले आया। वणिक पुत्र को देखकर साधु नामक वैश्य ने अपने बंधु-बांधवों सहित प्रसन्नचित्त होकर अपनी पुत्री का विवाह उसके साथ कर दिया। वैश्य विवाह के समय भी सत्यनारायण भगवान का व्रत करना भूल गया। इस पर श्री सत्यनारायण भगवान क्रोधित हो गए। उन्होंने वैश्य को श्राप दिया कि तुम्हें दारुण दुःख प्राप्त होगा।

अपने कार्य में कुशल साधु नामक वैश्य अपने जामाता सहित नावों को लेकर व्यापार करने के लिए समुद्र के समीप स्थित रत्नसारपुर नगर में गया। दोनों ससुर-जमाई चंद्रकेतु राजा के नगर में व्यापार करने लगे। एक दिन भगवान सत्यनारायण की माया से प्रेरित एक चोर राजा का धन चुराकर भागा जा रहा था।

राजा के दूतों को अपने पीछे आते देखकर चोर ने घबराकर राजा के धन को उसी नाव में चुपचाप रख दिया, जहाँ वे ससुर-जमाई ठहरे थे। ऐसा करने के बाद वह भाग गया। जब दूतों ने उस साधु वैश्य के पास राजा के धन को रखा देखा तो ससुर-जामाता दोनों को बाँधकर ले गए और राजा के समीप जाकर बोले- 'हम ये दो चोर पकड़कर लाए हैं। कृपया बताएँ कि इन्हें क्या सजा दी जाए।'

राजा ने बिना उन दोनों की बात सुने ही उन्हें कारागार में डालने की आज्ञा दे दी। इस प्रकार राजा की आज्ञा से उनको कठिन कारावास में डाल दिया गया तथा उनका धन भी छीन लिया गया। सत्यनारायण भगवान के श्राप के कारण साधु वैश्य की पत्नी लीलावती व पुत्री कलावती भी घर पर बहुत दुखी हुई। उनके घरों में रखा धन चोर ले गए।

एक दिन शारीरिक व मानसिक पीड़ा तथा भूख-प्यास से अति दुखित हो भोजन की चिंता में कलावती एक ब्राह्मण के घर गई। उसने ब्राह्मण को श्री सत्यनारायण भगवान का व्रत करते देखा। उसने कथा सुनी तथा प्रसाद ग्रहण कर रात को घर आई। माता ने कलावती से पूछा- 'हे पुत्री! तू अब तक कहाँ रही व तेरे मन में क्या है?' कलावती बोली- 'हे माता! मैंने एक ब्राह्मण के घर श्री सत्यनारायरण भगवान का व्रत होते देखा है।'

कलावती के वचन सुनकर लीलावती ने सत्यनारायण भगवान के पूजन की तैयारी की। उसने परिवार और बंधुओं सहित श्री सत्यनारायण भगवान का पूजन व व्रत किया और वर माँगा कि मेरे पति और दामाद शीघ्र ही घर वापस लौट आएँ। साथ ही भगवान से प्रार्थना की कि हम सबका अपराध क्षमा करो।

श्री सत्यनारायण भगवान इस व्रत से संतुष्ट हो गए। उन्होंने राजा चंद्रकेतु को स्वप्न में दर्शन देकर कहा- 'हे राजन! जिन दोनों वैश्यों को तुमने बंदी बना रखा है, वे निर्दोष हैं, उन्हें प्रातः ही छोड़ दो अन्यथा मैं तेरा धन, राज्य, पुत्रादि सब नष्ट कर दूँगा।' राजा से ऐसे वचन कहकर भगवान अंतर्ध्यान हो गए।

प्रातःकाल राजा चंद्रकेतु ने सभा में सबको अपना स्वप्न सुनाया और सैनिकों को आज्ञा दी कि दोनों वणिक पुत्रों को कैद से मुक्त कर सभा में लाया जाए। दोनों ने आते ही राजा को प्रणाम किया। राजा ने उनसे कहा- 'हे महानुभावों! तुम्हें भावीवश ऐसा कठिन दुःख प्राप्त हुआ है। अब तुम्हें कोई भय नहीं है, तुम मुक्त हो।' ऐसा कहकर राजा ने उनको नए-नए वस्त्राभूषण पहनवाए तथा उनका जितना धन लिया था उससे दूना लौटाकर आदर से विदा किया। दोनों वैश्व अपने घर को चल दिए।

*****************************************

• **चतुर्थ अध्याय**

श्री सूतजी ने आगे कहा- 'वैश्य और उसके जमाई ने मंगलाचार करके यात्रा आरंभ की और अपने नगर की ओर चल पड़े। उनके थोड़ी दूर आगे बढ़ने पर दंडी वेषधारी श्री सत्यनारायण भगवान ने उससे पूछा- 'हे साधु! तेरी नाव में क्या है?'

अभिमानी वणिक हँसता हुआ बोला- 'हे दंडी ! आप क्यों पूछते हैं? क्या धन लेने की इच्छा है? मेरी नाव में तो बेल और पत्ते भरे हैं।' वैश्य का कठोर वचन सुनकर दंडी वेषधारी श्री सत्यनारायण भगवान ने कहा- 'तुम्हारा वचन सत्य हो!' ऐसा कहकर वे वहाँ से कुछ दूर जाकर समुद्र के किनारे बैठ गए।

दंडी महाराजा के जाने के पश्चात वैश्य ने नित्यक्रिया से निवृत होने के बाद नाव को ऊँची उठी देखकर अचंभा किया तथा नाव में बेल-पत्ते आदि देखकर मूर्च्छित हो जमीन पर गिर पड़ा। मूर्च्छा खुलने पर अत्यंत शोक प्रकट करने लगा। तब उसके जामाता ने कहा- 'आप शोक न करें। यह दंडी महाराज का श्राप है, अतः उनकी शरण में ही चलना चाहिए तभी हमारी मनोकामना पूरी होगी।'

जामाता के वचन सुनकर वह साधु नामक वैश्य दंडी महाराज के पास पहुँचा और भक्तिभाव से प्रणाम करके बोला- 'मैंने जो आपसे असत्य वचन कहे थे उसके लिए मुझे क्षमा करें।' ऐसा कहकर वैश्य रोने लगा। तब दंडी भगवान बोले- 'हे वणिक पुत्र! मेरी आज्ञा से तुझे बार-बार दुःख प्राप्त हुआ है, तू मेरी पूजा से विमुख हुआ है।'

साधु नामक वैश्य ने कहा- 'हे भगवन! आपकी माया से ब्रह्मा आदि देवता भी आपके रूप को नहीं जान पाते, तब मैं अज्ञानी भला कैसे जान सकता हूँ। आप प्रसन्न होइए, मैं अपनी सामर्थ्य के अनुसार आपकी पूजा करूँगा। मेरी रक्षा करो और पहले के समान मेरी नौका को धन से पूर्ण कर दो।'

उसके भक्तियुक्त वचन सुनकर श्री सत्यनारायण भगवान प्रसन्न हो गए और उसकी इच्छानुसार वर देकर अंतर्ध्यान हो गए। तब ससुर व जामाता दोनों ने नाव पर आकर देखा कि नाव धन से परिपूर्ण है। फिर वह भगवान सत्यनारायण का पूजन कर जामाता सहित अपने नगर को चला।

जब वह अपने नगर के निकट पहुँचा तब उसने एक दूत को अपने घर भेजा। दूत ने साधु नामक वैश्य के घर जाकर उसकी पत्नी को नमस्कार किया और कहा- 'आपके पति अपने दामाद सहित इस नगर के समीप आ गए हैं।' लीलावती और उसकी कन्या कलावती उस समय भगवान का पूजन कर रही थीं।

दूत का वचन सुनकर साधु की पत्नी ने बड़े हर्ष के साथ सत्यदेव का पूजन पूर्ण किया और अपनी पुत्री से कहा- 'मैं अपने पति के दर्शन को जाती हूँ, तू कार्य पूर्ण कर शीघ्र आ जाना।' परंतु कलावती पूजन एवं प्रसाद छोड़कर अपने पति के दर्शनों के लिए चली गई।

प्रसाद की अवज्ञा के कारण सत्यदेव रुष्ट हो गए फलस्वरूप उन्होंने उसके पति को नाव सहित पानी में डुबो दिया। कलावती अपने पति को न देख रोती हुई जमीन पर गिर पड़ी। नौका को डूबा हुआ तथा कन्या को रोती हुई देख साधु नामक वैश्य दुखित हो बोला- 'हे प्रभु! मुझसे या मेरे परिवार से जो भूल हुई है उसे क्षमा करो।'

उसके दीन वचन सुनकर सत्यदेव भगवान प्रसन्न हो गए। आकाशवाणी हुई- 'हे वैश्य! तेरी कन्या मेरा प्रसाद छोड़कर आई है इसलिए इसका पति अदृश्य हुआ है। यदि वह घर जाकर प्रसाद खाकर लौटे तो इसका पति अवश्य मिलेगा।'

आकाशवाणी सुनकर कलावती ने घर पहुँचकर प्रसाद खाया और फिर आकर अपने पति के दर्शन किए। तत्पश्चात साधु वैश्य ने वहीं बंधु-बांधवों सहित सत्यदेव का विधिपूर्वक पूजन किया। वह इस लोक का सुख भोगकर अंत में स्वर्गलोक को गया।

*******************************************************

• पंचम अध्याय

श्री सूतजी ने आगे कहा- 'हे ऋषियों! मैं एक और भी कथा कहता हूँ। उसे भी सुनो। प्रजापालन में लीन तुंगध्वज नाम का एक राजा था। उसने भगवान सत्यदेव का प्रसाद त्याग कर बहुत दुःख पाया। एक समय राजा वन में वन्य पशुओं को मारकर बड़ के वृक्ष के नीचे आया।

वहाँ उसने ग्वालों को भक्ति भाव से बंधु-बांधवों सहित श्री सत्यनारायण का पूजन करते देखा, परंतु राजा देखकर भी अभिमानवश न तो वहाँ गया और न ही सत्यदेव भगवान को नमस्कार ही किया। जब ग्वालों ने भगवान का प्रसाद उनके सामने रखा तो वह प्रसाद त्याग कर अपने नगर को चला गया।

नगर में पहुँचकर उसने देखा कि उसका सब कुछ नष्ट हो गया है। वह समझ गया कि यह सब भगवान सत्यदेव ने ही किया है। तब वह उसी स्थान पर वापस आया और ग्वालों के समीप गया और विधिपूर्वक पूजन कर प्रसाद खाया तो सत्यनारायण की कृपा से सब-कुछ पहले जैसा ही हो गया और दीर्घकाल तक सुख भोगकर मरने पर स्वर्गलोक को चला गया।

जो मनुष्य इस परम दुर्लभ व्रत को करेगा श्री सत्यनारायण भगवान की कृपा से उसे धन-धान्य की प्राप्ति होगी। निर्धन धनी और बंदी बंधन से मुक्त होकर निर्भय हो जाता है। संतानहीन को संतान प्राप्त होती है तथा सब मनोरथ पूर्ण होकर अंत में वह बैकुंठ धाम को जाता है।

जिन्होंने पहले इस व्रत को किया अब उनके दूसरे जन्म की कथा भी सुनिए। शतानंद नामक ब्राह्मण ने सुदामा के रूप में जन्म लेकर श्रीकृष्ण की भक्ति कर मोक्ष प्राप्त किया। उल्कामुख नाम के महाराज, राजा दशरथ बने और श्री रंगनाथ का पूजन कर बैकुंठ को प्राप्त हुए।

साधु नाम के वैश्य ने धर्मात्मा व सत्यप्रतिज्ञ राजा मोरध्वज बनकर अपनी देह को आरे से चीरकर दान करके मोक्ष को प्राप्त हुआ। महाराज तुंगध्वज स्वयंभू मनु हुए? उन्होंने बहुत से लोगों को भगवान की भक्ति में लीन कर मोक्ष प्राप्त किया। लकड़हारा भील अगले जन्म में गुह नामक निषाद राजा हुआ, जिसने भगवान राम के चरणों की सेवा कर मोक्ष प्राप्त किया।

*******************************************************

- आरती

जय श्री लक्ष्मी रमणा स्वामी जय लक्ष्मी रमणा |
सत्यनारायण स्वामी जन पातक हरणा || जय
रत्न जड़ित सिंहासन अद्भुत छवि राजै |
नाद करद निरन्तर घण्टा ध्वनि बाजै || जय
प्रकट भये कलि कारण द्विज को दर्श दियो |
बूढ़ा ब्राह्मण बन के कंचन महल कियो || जय
दुर्बल भील कराल जिन पर कृपा करी |
चन्द्रचूढ़ इक राजा तिनकी विपत हरी || जय
वैश्य मनोरथ पायो श्रद्धा तज दीनी |
सो फल भोग्यो प्रभु जी फेर स्तुति कीन्ही || जय
भाव भक्ति के कारण छिन - छिन रूप धरयो |
श्रद्धा धारण कीनी जन को काज सरयो || जय
ग्वाल बाल संग राजा बन में भक्ति करी |
मनवांछित फल दीना दीनदयाल हरी || जय
चढ़त प्रसाद सवाया कदली फल मेवा |
धूप दीप तुलसी से राजी सत्य देवा || जय
श्री सत्यनारायण जी की आरती जो कोई गावै |
कहत शिवानंद स्वामी मनवांछित फल पावै || जय

# 32

# मोक्षदा एकादशी व्रतकथा

- मोक्षदा एकादशी व्रतकथा

महाराज युधिष्ठिर ने कहा- हे भगवन! आप तीनों लोकों के स्वामी, सबको सुख देने वाले और जगत के पति हैं। मैं आपको नमस्कार करता हूँ। हे देव! आप सबके हितैषी हैं अत: मेरे संशय को दूर कर मुझे बताइए कि मार्गशीर्ष एकादशी का क्या नाम है?

उस दिन कौन से देवता का पूजन किया जाता है और उसकी क्या विधि है? कृपया मुझे बताएँ। भक्तवत्सल भगवान श्रीकृष्ण कहने लगे कि धर्मराज, तुमने बड़ा ही उत्तम प्रश्न किया है। इसके सुनने से तुम्हारा यश संसार में फैलेगा। मार्गशीर्ष शुक्ल एकादशी अनेक पापों को नष्ट करने वाली है। इसका नाम मोक्षदा एकादशी है।

इस दिन दामोदर भगवान की धूप-दीप, नैवेद्य आदि से भक्तिपूर्वक पूजा करनी चाहिए। अब इस विषय में मैं एक पुराणों की कथा कहता हूँ। गोकुल नाम के नगर में वैखानस नामक राजा राज्य करता था। उसके राज्य में चारों वेदों के ज्ञाता ब्राह्मण रहते थे। वह राजा अपनी प्रजा का पुत्रवत पालन करता था। एक बार रात्रि में राजा ने एक स्वप्न देखा कि उसके पिता नरक में हैं। उसे बड़ा आश्चर्य हुआ।

प्रात: वह विद्वान ब्राह्मणों के पास गया और अपना स्वप्न सुनाया। कहा- मैंने अपने पिता को नरक में कष्ट उठाते देखा है। उन्होंने मुझसे कहा कि हे पुत्र मैं नरक में पड़ा हूँ। यहाँ से तुम मुझे मुक्त कराओ। जब से मैंने ये वचन सुने हैं तब से मैं बहुत बेचैन हूँ। चित में बड़ी अशांति हो रही है। मुझे इस राज्य, धन, पुत्र, स्त्री, हाथी, घोड़े आदि में कुछ भी सुख प्रतीत नहीं होता। क्या करूँ?

राजा ने कहा- हे ब्राह्मण देवताओं! इस दु:ख के कारण मेरा सारा शरीर जल रहा है। अब आप कृपा करके कोई तप, दान, व्रत आदि ऐसा उपाय बताइए जिससे मेरे पिता को मुक्ति मिल जाए। उस पुत्र का जीवन व्यर्थ है जो अपने माता-पिता का उद्धार न कर सके। एक उत्तम पुत्र जो अपने माता-पिता तथा पूर्वजों का उद्धार करता है, वह हजार मुर्ख पुत्रों से

अच्छा है। जैसे एक चंद्रमा सारे जगत में प्रकाश कर देता है, परंतु हजारों तारे नहीं कर सकते। ब्राह्मणों ने कहा- हे राजन! यहाँ पास ही भूत, भविष्य, वर्तमान के ज्ञाता पर्वत ऋषि का आश्रम है। आपकी समस्या का हल वे जरूर करेंगे।

ऐसा सुनकर राजा मुनि के आश्रम पर गया। उस आश्रम में अनेक शांत चित्त योगी और मुनि तपस्या कर रहे थे। उसी जगह पर्वत मुनि बैठे थे। राजा ने मुनि को साष्टांग दंडवत किया। मुनि ने राजा से सांगोपांग कुशल पूछी। राजा ने कहा कि महाराज आपकी कृपा से मेरे राज्य में सब कुशल हैं, लेकिन अकस्मात मेरे चित्त में अत्यंत अशांति होने लगी है। ऐसा सुनकर पर्वत मुनि ने आँखें बंद की और भूत विचारने लगे। फिर बोले हे राजन! मैंने योग के बल से तुम्हारे पिता के कुकर्मों को जान लिया है। उन्होंने पूर्व जन्म में कामातुर होकर एक पत्नी को रति दी किंतु सौत के कहने पर दूसरे पत्नी को ऋतुदान माँगने पर भी नहीं दिया। उसी पापकर्म के कारण तुम्हारे पिता को नर्क में जाना पड़ा।

तब राजा ने कहा इसका कोई उपाय बताइए। मुनि बोले- हे राजन! आप मार्गशीर्ष एकादशी का उपवास करें और उस उपवास के पुण्य को अपने पिता को संकल्प कर दें। इसके प्रभाव से आपके पिता की अवश्य नर्क से मुक्ति होगी। मुनि के ये वचन सुनकर राजा महल में आया और मुनि के कहने अनुसार कुटुम्ब सहित मोक्षदा एकादशी का व्रत किया। इसके उपवास का पुण्य उसने पिता को अर्पण कर दिया। इसके प्रभाव से उसके पिता को मुक्ति मिल गई और स्वर्ग में जाते हुए वे पुत्र से कहने लगे- हे पुत्र तेरा कल्याण हो। यह कहकर स्वर्ग चले गए।

मार्गशीर्ष मास की शुक्ल पक्ष की मोक्षदा एकादशी का जो व्रत करते हैं, उनके समस्त पाप नष्ट हो जाते हैं। इस व्रत से बढ़कर मोक्ष देने वाला और कोई व्रत नहीं है। इस कथा को पढ़ने या सुनने से वायपेय यज्ञ का फल मिलता है। यह व्रत मोक्ष देने वाला तथा चिंतामणि के समान सब कामनाएँ पूर्ण करने वाला है।

# 33

# निर्जला एकादशी कलः व्रत विधि व कथा

- निर्जला एकादशी कलः व्रत विधि व कथा

हिंदू धर्म में एकादशी का व्रत महत्वपूर्ण स्थान रखता है। प्रत्येक वर्ष में चौबीस एकादशियां होती हैं।

ज्येष्ठ मास के शुक्ल पक्ष की एकादशी को निर्जला एकादशी कहते हैं। इस व्रत में भोजन करना और पानी पीना वर्जित है। इसीलिए इसे निर्जला एकादशी कहते हैं।

धर्मग्रंथों के अनुसार इस एकादशी पर व्रत करने से वर्ष भर की एकादशियों का पुण्य मिलता है। इस बार निर्जला एकादशी का व्रत 29 मई, शुक्रवार को है।

- व्रत विधि

निर्जला एकादशी के दिन सुबह जल्दी उठकर नित्य कर्मों से निवृत होकर सर्वप्रथम शेषशायी भगवान विष्णु की पंचोपचार पूजा करें। इसके बाद मन को शांत रखते हुए ऊं नमो भगवते वासुदेवाय मंत्र का जाप करें।

शाम को पुन: भगवान विष्णु की पूजा करें व रात में भजन कीर्तन करते हुए धरती पर विश्राम करें। दूसरे दिन किसी योग्य ब्राह्मण को आमंत्रित कर उसे भोजन कराएं तथा जल से

भरे कलश के ऊपर सफेद वस्त्र ढक कर और उस पर शर्करा (शक्कर) तथा दक्षिणा रखकर ब्राह्मण को दान दें।

इसके अलावा यथाशक्ति अन्न, वस्त्र, आसन, जूता, छतरी, पंखा तथा फल आदि का दान करना चाहिए। इसके बाद स्वयं भोजन करें। धर्म ग्रंथों के अनुसार इस दिन विधिपूर्वक

जल कलश का दान करने वालों को वर्ष भर की एकादशियों का फल प्राप्त होता है। इस एकादशी का व्रत करने से अन्य तेईस एकादशियों पर अन्न खाने का दोष छूट जाता है-

एवं य: कुरुते पूर्णा द्वादशीं पापनासिनीम् ।

सर्वपापविनिर्मुक्त: पदं गच्छन्त्यनामयम् ॥

इस प्रकार जो इस पवित्र एकादशी का व्रत करता है, वह समस्त पापों से मुक्त होकर मोक्ष प्राप्त करता है।

**************************************

- निर्जला एकादशी की कथा

एक बार जब महर्षि वेदव्यास पांडवों को चारों पुरुषार्थ- धर्म, अर्थ, काम और मोक्ष देने वाले एकादशी व्रत का संकल्प करा रहे थे। तब महाबली भीम ने उनसे कहा- पितामह। आपने प्रति पक्ष एक दिन के उपवास की बात कही है।

मैं तो एक दिन क्या, एक समय भी भोजन के बगैर नहीं रह सकता- मेरे पेट में वृक नाम की जो अग्नि है, उसे शांत रखने के लिए मुझे कई लोगों के बराबर और कई बार भोजन करना पड़ता है। तो क्या अपनी उस भूख के कारण मैं एकादशी जैसे पुण्य व्रत से वंचित रह जाऊंगा?

तब महर्षि वेदव्यास ने भीम से कहा- कुंतीनंदन भीम ज्येष्ठ मास की शुक्ल पक्ष की निर्जला नाम की एक ही एकादशी का व्रत करो और तुम्हें वर्ष की समस्त एकादशियों का फल प्राप्त होगा। नि:संदेह तुम इस लोक में सुख, यश और मोक्ष प्राप्त करोगे।

यह सुनकर भीमसेन भी निर्जला एकादशी का विधिवत व्रत करने को सहमत हो गए और समय आने पर यह व्रत पूर्ण भी किया। इसलिए वर्ष भर की एकादशियों का पुण्य लाभ देने वाली इस श्रेष्ठ निर्जला एकादशी को पांडव एकादशी या भीमसेनी एकादशी भी कहा जाता है।

********************************************

- जानिए निर्जला एकादशी का महत्व

1. निर्जला एकादशी के व्रत से साल की सभी 24 एकादशियों के व्रत का फल प्राप्त होता है।

2. एकादशी व्रत से मिलने वाला पुण्य सभी तीर्थों और दानों से ज्यादा है। मात्र एक दिन बिना पानी के रहने से व्यक्ति के सभी पापों का नाश हो जाता है।

3. व्रती मृत्यु के बाद यमलोक न जाकर भगवान के पुष्पक विमान से स्वर्ग को जाता है।

4. व्रती को स्वर्ण दान का फल मिलता है। हवन, यज्ञ करने पर अनगिनत फल पाता है। व्रती विष्णुधाम यानी वैकुण्ठ पाता है।

5. व्रती चारों पुरुषार्थ यानी धर्म, अर्थ, काम, मोक्ष को प्राप्त करता है।

6. व्रत भंग दोष- शास्त्रों के मुताबिक अगर निर्जला एकादशी करने वाला व्रती, व्रत रखने पर भी भोजन में अन्न खाए, तो उसे चांडाल दोष लगता है और वह मृत्यु के बाद नरक में जाता है।

**********************************************************

- एकादशी व्रत धारण करने के नियम

पूर्ण उपवास अपनी इन्द्रियों को नियंत्रित करने की बहुत ही उचित क्रिया है, परन्तु व्रत धारण करने का मुख्य कारण कृष्ण का स्मरण/ध्यान करना है। उस दिन शरीर की जरूरतों को सरल कर दिया जाता है, और उस दिन कम सो कर भक्तिमयी सेवा, शास्त्र अध्ययन और जप आदि पर ध्यान केन्द्रित करने की अनुशंसा की गई हैं।

व्रत का आरंभ सूर्योदय से होता है और अगले दिन के सूर्योदय तक चलता है, इसलिए अगर कोई इस बीच अन्न ग्रहण कर लेता है तो व्रत टूट जाता है। वैदिक शिक्षाओं में सूर्योदय के पूर्व खाने की अनुशंषा नहीं की गयी हैं खासकर एकादशी के दिन तो बिलकुल नहीं। एकादशी व्रत का पालन उस दिन जागने के बाद से ही मानना चाहिये। अगर व्रत गलती से टूट जाए तो उसे बाकि के दिन अथवा अगले दिन तक पूरा करना चाहिये।

वे जन जो बहुत ही सख्ती से एकादशी व्रत का पालन करते हैं उन्हें पिछली रात्रि के सूर्यास्त के बाद से कुछ भी नहीं खाना चाहिये ताकि वे आश्वस्त हो सके कि पेट में एकादशी के दिन कुछ भी बिना पचा हुआ भोजन शेष न बचा हो।

बहुत लोग वैसा कोई प्रसाद भी नहीं ग्रहण करते जिनमें अन्न डला हो। वैदिक शास्त्र शिक्षा देते हैं कि एकादशी के दिन साक्षात् पाप (पाप पुरुष) अन्न में वास करता है, और इसलिए किसी भी तरह से उनका प्रयोग नहीं किया जाना चाहिये ( चाहे कृष्ण को अर्पित ही क्यों न हो) ।

एकादशी के दिन का अन्न के प्रसाद को अगले दिन तक संग्रह कर के रखना चाहिये या फिर उन लोगों में वितरित कर देना चाहिये जो इसका नियम सख्ती से नहीं मानते या फिर पशुओं को दे देना चाहिये।

**********************************************************

- एकादशी व्रत को कैसे तोड़े

अगर व्रत निर्जल( पूर्ण उपवास बिना जल ग्रहण किये) किया गया है तो व्रत को अगले दिन अन्न से तोड़ना आवश्यक नहीं है। व्रत को चरणामृत( वैसा जल जिससे कृष्ण के चरणों को धोया गया हो), दूध या फल से वैष्णव पंचांग में दिए नियत समय पर तोड़ा जा सकता है।

यह समय आप किस स्थान पर हैं उसके अनुसार बदलता रहता है। अगर पूर्ण एकादशी के स्थान पर फल, सब्जियों और मेवों के प्रयोग से एकादशी की गयी हैं तो उसे तोड़ने के लिए अन्न ग्रहण करना अनिवार्य हैं।

- खाद्य पदार्थ जो एकादशी व्रत में खाए जा सकते हैं

श्रीला प्रभुपाद ने पूर्ण एकादशी करने के लिए कभी बाध्य नहीं किया, उन्होंने सरल रूप से भोजन करके जप एवं भक्तिमयी सेवा पर पूरा ध्यान केन्द्रित करने को कहा। निम्नलिखित वस्तुएं और मसालें व्रत के भोजन में उपयोग किये जा सकते हैं:
- सभी फल (ताजा एवं सूखें);
- सभी मेवें बादाम आदि और उनका तेल;
- हर प्रकार की चीनी;
- कुट्टू
- आलू, साबूदाना, शकरकंद;
- नारियल;
- जैतून;
- दूध;
- ताज़ी अदरख;
- काली मिर्च और
- सेंधा नमक ।

*******************************************************

- एकादशी पर वर्जित खाद्य

1. अगर अन्न का एक भी कण गलती से भी ग्रहण कर लिया गया हो तो एकादशी व्रत विफल हो जाता है। इसलिए उस दिन भोजन पकाते समय काफी सावधानी बरतनी चाहिये और मसालों को केवल नए पेकिंग से, जो अन्न से अनछुए हो, से ही लेना चाहिये। निम्नलिखित खाद्यों का प्रयोग एकादशी के दिन निषेध बताया गया है :
2. सभी प्रकार के अनाज (जैसे बाजरा, जौ, मैदा, चावल और उरद दाल आटा) और उनसे बनी कोई भी वस्तु;
3. मटर, छोला, दाल और सभी प्रकार की सेम, उनसे बनी अन्य वस्तुएं जैसे टोफू;
4. नमक, बेकिंग सोडा, बेकिंग पावडर, कस्टर्ड और अन्य कई मिठाईयों का प्रयोग नहीं किया जाता क्योंकि उनमें कई बार चावल का आटा मिला होता है;
5. तिल (सत-तिल एकादशी अपवाद है, उस दिन तिल को भगवान् को अर्पित भी किया जाता है और उसको ग्रहण भी किया जा सकता है) और

6. मसालें जैसे कि हींग, लौंग, मेथी, सरसों, इमली, सौंफ़ इलायची, और जायफल।

7. एकादशी के दिन व्रत धारण करना कृष्ण भक्तों के लिए एक महत्वपूर्ण तप है और यह आध्यात्मिक प्रगति को बढ़ाने के लिए किया जाता है।

8. बिलकुल निराहार व्रत करके कमजोर होकर अपनी कार्यों एवं भक्तिमयी सेवाओं में अक्षम हो जाने से बेहतर है थोड़ा उन चीजों को खाकर व्रत करना जो व्रत में खायी जा सकती हैं।

# 34

# पूर्णमासी व्रत कथा

- पूर्णमासी व्रत कथा

1. पूजन सामग्री

दूध, दही, घी, शर्करा, गंगाजल, रोली, मौली, ताम्बूल, पूंगीफल, धूप, फूल (सफेद कनेर), यज्ञोपवीत, श्वेत वस्त्र, लाल वस्त्र, आक, बिल्व-पत्र, फूलमाला, धतूरा, बांस की टोकरी, आम के पत्ते, चावल, तिल, जौ, नारियल (पानी वाला), दीपक, ऋतुफल, अक्षत, नैवेद्य, कलष, पंचरंग, चन्दन, आटा, रेत, समिधा, कुश, आचार्य के लिए वस्त्र, शिव-पार्वती की स्वर्ण मूर्ति (अथवा पार्थिव प्रतिमा), दूब, आसन आदि।

***********************************************

- पूजन विधि

पूजन करने वाला व्यक्ति प्रातःकाल स्नान आदि से निवृत होकर किसी पवित्र स्थान पर आटे से चैक पूर कर केले का मण्डप बनाकर शिव-पार्वती की प्रतिमा बनाकर स्थापित करे। तत्पश्चात् नवीन वस्त्र धारण कर आसन पर पूर्वाभिमुख बैठकर देशकालादि के उच्चारण के साथ हाथ में जल लेकर संकल्प करें। उसके बाद गणेश जी का आवाहन व पूजन करें। अनन्तर वरुणादि देवों का आवाहन करके कलश पूजन करें, चन्दन आदि समर्पित करें, कलश मुद्रा दिखाएं, घण्टा बजायें। गन्ध अक्षतादि द्वारा घण्टा एवं दीपक को नमस्कार करें। इसके बाद 'ओम अपवित्रः पवित्रो वा सर्वावस्थां गतोअपि वा। यः स्मरेत पुण्डरीकाक्षं स वाह्याभ्यन्तरः शुचिः' इस मन्त्र द्वारा पूजन सामग्री एवं अपने ऊपर जल छिड़कें। इन्द्र आदि अष्टलोकपालों का आवाहन एवं पूजन करें। निम्नलिखित मन्त्र से शिव जी को स्नान करायें -

मन्दार मालाकुलिजालकायै, कपालमालाकिंतशेखराय। दिव्याम्बरायै च सरस्वती रेवापयोष्णीनर्मदाजलैः। स्नापितासि मया देवि तेन शान्ति पुरुष्व मे। निम्नलिखित मन्त्र से पार्वती जी को स्नान करायें - नमो देव्यै महादेव्यै सततम नमः। नमः प्रकृत्यै भद्रायै नियताः प्रणता स्मताम्। इसके बाद पंचोपचार पूजन करें।

चन्दन, अक्षत, पुष्प, धूप, दीप दिखाएं। फिर नैवेद्य चढ़ाकर आचमन करायें। अनन्तर हाथों के लिए उबटन समर्पण करें। फिर सुपारी अर्पण करें, दक्षिणा भेंट करें और नमस्कार करें। इसके बाद उत्तर की ओर निर्माल्य का विसर्जन करके महा अभिषेक करें। अनन्तर सुन्दर वस्त्र समर्पण करें, यज्ञोपवीत धारण करायें। चन्दन, अक्षत और सप्तधान्य समर्पित करें। फिर हल्दी, कुंकुम, मांगलिक सिंदूर आदि अर्पण करें। ताइपत्र (भोजपत्र), कण्ठ की माला आदि समर्पण करें। सुगन्धित पुष्प चढ़ायें तथा धूप दें। दीप दिखाकर नैवेद्य समर्पित करें। फिर हाथ मुख धुलाने के लिए जल छोड़ें। चन्दन अर्पित करें। नारियल तथा ऋतुफल चढ़ायें। ताम्बूल सुपारी और दक्षिणा द्रव्य चढ़ायें। कपूर की आरती करें और पुष्पांजलि दें। सब प्रकार से पूजन करके कथा श्रवण करें। अथ पूर्णमासी व्रत कथा

************************************************


- अथ पूर्णमासी व्रत कथा


द्वापर युग में एक समय की बात है कि यशोदा जी ने कृष्ण से कहा - हे कृष्ण! तुम सारे संसार के उत्पन्नकर्ता, पोषक तथा उसके संहारकर्ता हो, आज कोई ऐसा व्रत मुझसे कहो, जिसके करने से मृत्युलोक में स्त्रियों को विधवा होने का भय न रहे तथा यह व्रत सभी मनुष्यों की मनोकामनाएं पूर्ण करने वाला हो। श्रीकृष्ण कहने लगे - हे माता! तुमने अति सुन्दर प्रश्न किया है। मैं तुमसे ऐसे ही व्रत को सविस्तार कहता हूँ। सौभाग्य की प्राप्ति के लिए स्त्रियों को बत्तीस पूर्णमासियों का व्रत करना चाहिए। इस व्रत के करने से स्त्रियों को सौभाग्य सम्पत्ति मिलती है। यह व्रत अचल सौभाग्य देने वाला एवं भगवान् शिव के प्रति मनुष्य-मात्र की भक्ति को बढ़ाने वाला है। यशोदा जी कहने लगीं - हे कृष्ण! सर्वप्रथम इस व्रत को मृत्युलोक में किसने किया था, इसके विषय में विस्तारपूर्वक मुझसे कहो।

श्रीकृष्ण जी कहने लगे कि इस भूमण्डल पर एक अत्यन्त प्रसिद्ध राजा चन्द्रहास से पालित अनेक प्रकार के रत्नों से परिपूर्ण 'कातिका' नाम की एक नगरी थी। वहां पर धनेश्वर नाम का एक ब्राह्मण था और उसकी स्त्री अति सुशीला रूपवती थी। दोनों ही उस नगरी में बड़े प्रेम के साथ रहते थे। घर में धन-धान्य आदि की कमी नहीं थी। उनको एक बड़ा दुख था कि उनके कोई सन्तान नहीं थी, इस दुख से वह अत्यन्त दुखी रहते थे। एक समय एक बड़ा तपस्वी योगी उस नगरी में आया। वह योगी उस ब्राह्मण के घर को छोड़कर अन्य सब घरों से भिक्षा लाकर भोजन किया करता था। रूपवती से वह भिक्षा नहीं लिया करता था। उस योगी ने एक दिन रूपवती से भिक्षा न लेकर किसी अन्य घर से भिक्षा लेकर गंगा किनारे जाकर, भिक्षान्न को प्रेमपूर्वक खा रहा था कि धनेश्वर ने योगी का यह सब कार्य किसी प्रकार

से देख लिया।

अपनी भिक्षा के अनादर से दुखी होकर धनेश्वर योगी से बोला - महात्मन्! आप सब घरों से भिक्षा लेते हैं परन्तु मेरे घर की भिक्षा कभी भी नहीं लेते, इसका कारण क्या है? योगी ने कहा कि निःसन्तान के घर की भीख पतितों के अन्न के तुल्य होती है और जो पतितों का अन्न खाता है वह भी पतित हो जाता है। चूंकि तुम निःसन्तान हो, अतः पतित हो जाने के भय से मैं तुम्हारे घर की भिक्षा नहीं लेता हूँ।

धनेश्वर यह बात सुनकर अपने मन में बहुत दुखी हुआ और हाथ जोड़कर योगी के पैरों पर गिर पड़ा तथा आर्तभाव से कहने लगा - हे महाराज! यदि ऐसा है तो आप मुझको पुत्र प्राप्ति का उपाय बताइये। आप सर्वज्ञ हैं, मुझ पर अवश्य ही यह कृपा कीजिए। धन की मेरे घर में कोई कमी नहीं, परन्तु मैं पुत्र न होने के कारण अत्यन्त दुखी हूं। आप मेरे इस दुख का हरण करें, आप सामर्थ्यवान हैं। यह सुनकर योगी कहने लगे - हे ब्राह्मण! तुम चण्डी की आराधना करो। घर आकर उसने अपने स्त्री से सब वृत्तान्त कहा और स्वयं तप के निमित्त वन में चला गया। वन में जाकर उसने चण्डी की उपासना की और उपवास किया। चण्डी ने सोलहवें दिन उसको स्वप्न में दर्शन दिया और कहा - हे धनेश्वर! जा तेरे पुत्र होगा, परन्तु वह सोलह वर्ष की आयु में ही मृत्यु को प्राप्त हो जाएगा। यदि तुम दोनों स्त्री-पुरुष बत्तीस पूर्णमासियों का व्रत विधिपूर्वक करोगे तो वह दीर्घायु होगा।

जितनी तुम्हारी सामर्थ्य हो आटे के दिये बनाकर शिव जी का पूजन करना, परन्तु पूर्णमासी को बत्तीस जो जाने चाहिए। प्रातःकाल हाने पर इस स्थान के समीप ही तुम्हें एक आम का वृक्ष दिखाई देगा, उस पर तुम चढ़कर एक फल तोड़कर शीघ्र अपने घर चले जाना, अपनी स्त्री से सब वृत्तान्त कहना। ऋतु-स्नान के पश्चात वह स्वच्छ होकर, श्रीशंकर जी का ध्यान करके उस फल को खा लेगी। तब शंकर भगवान् की कृपा से उसको गर्भ हो जायगा।

जब वह ब्राह्मण प्रातःकाल उठा तो उसने उस स्थान के पास ही एक आम का वृक्ष देखा जिस पर एक अत्यन्त सुन्दर आम का फल लगा हुआ था। उस ब्राह्मण ने उस आम के वृक्ष पर चढ़कर उस फल को तोड़ने का प्रयत्न किया, परन्तु वृक्ष पर कई बार प्रयत्न करने पर भी वह न चढ़ पाया। तब तो उस ब्राह्मण को बहुत चिन्ता हुई और विघ्न-विनाशक श्रीगणेश जी की वन्दना करने लगा - हे दयानिधे! अपने भक्तों के विघ्नों का नाश करके उनके मंगल कार्य को करने वाले, दुष्टों का नाश करने वाले, ऋद्धि-सिद्धि के देने वाले, आप मुझ पर कृपा करके इतना बल दें कि मैं अपने मनोरथ को पूर्ण कर सकूं।

इस प्रकार गणेश जी की प्रार्थना करने पर उनकी कृपा से धनेश्वर वृक्ष पर चढ़ गया और उसने एक अति सुन्दर आम का फल देखा। उसने विचार किया कि जो वरदान से फल मिला था वह यह है, और कोई फल दिखाई नहीं देता, उस धनेश्वर ब्राह्मण ने जल्दी से उस फल को तोड़कर अपनी स्त्री को लाकर दिया और उसकी स्त्री ने अपने पति के कथनानुसार उस फल को खा लिया और वह गर्भवती हो गई। देवी जी की असीम कृपा से उसे एक अत्यन्त सुन्दर पुत्र उत्पन्न हुआ, जिसका नाम उन्होंने देवीदास रखा। माता-पिता के हर्ष और शोक के साथ

वह बालक शुक्लपक्ष के चन्द्रमा की भांति अपने पिता के घर में बढ़ने लगा। भवानी की कृपा से वह बालक बहुत ही सुन्दर, सुशील और विद्या पढ़ने में बहुत ही निपुण हो गया। दुर्गा जी की आज्ञानुसार उसकी माता ने बत्तीस पूर्णमासी का व्रत रखना प्रारम्भ कर दिया था, जिससे उसका पुत्र बड़ी आयु वाला हो जाए।

सोलहवां वर्ष लगते ही देवीदास के माता-पिता को बड़ी चिन्ता हो गई कि कहीं उनके पुत्र की इस वर्ष मृत्यु न हो जाए। इसलिए उन्होंने अपने मन में विचार किया कि यदि यह दुर्घटना उनके सामने हो गई तो वे कैसे सहन कर सकेंगे? अस्तु उन्होंने देवीदास के मामा को बुलाया और कहा कि हमारी इच्छा है कि देवीदास एक वर्ष तक काशी में जाकर विद्याध्ययन करे और उसको अकेला भी नहीं छोड़ना चाहिए। इसलिए साथ में तुम चले जाओ और एक वर्ष के पश्चात् इसको वापस लौटा लाना। सब प्रबन्ध करके उसके माता-पिता ने काशी जाने के लिए देवीदास को एक घोड़े पर बैठाकर उसके मामा को उसके साथ कर दिया, किन्तु यह बात उसके मामा या किसी और से नहीं कही। धनेश्वर ने सपत्नीक अपने पुत्र की मंगलकामना तथा दीर्घायु के लिए भगवती दुर्गा की आराधना और पूर्णमासियों का व्रत करना आरम्भ कर दिया। इस प्रकार बराबर बत्तीस पूर्णमासी का व्रत पूरा किया।

कुछ समय पश्चात् एक दिन वह दोनों - मामा और भान्जा मार्ग में रात्रि बिताने के लिए किसी ग्राम में ठहरे हुए थे, उस दिन उस गांव में एक ब्राह्मण की अत्यन्त सुन्दरी, सुशीला, विदुषी और गुणवती कन्या का विवाह होने वाला था। जिस धर्मशाला के अन्दर वर और उसकी बारात ठहरी हुई थी, उसी धर्मशाला में देवीदास और उसके मामा भी ठहरे हुए थे।

संयोगवश कन्या को तेल आदि चढ़ाकर मण्डप आदि का कृत्य किया गया तो लग्न के समय वर को धनुर्वात हो गया। अस्तु, वर के पिता ने अपने कुटुम्बियों से परामर्ष करके निश्चय किया कि यह देवीदास मेरे पुत्र जैसा ही सुन्दर है, मैं इसके साथ ही लग्न करा दूं और बाद में विवाह के अन्य कार्य मेरे लड़के के साथ हो जाएंगे।

ऐसा सोचकर देवीदास के मामा से जाकर बोला कि तुम थोड़ी देर के लिए अपने भान्जे को हमें दे दो, जिससे विवाह के लग्न का सब कृत्य सुचारु रूप से हो सके। तब उसका मामा कहने लगा कि जो कुछ भी मधुपर्क आदि कन्यादान के समय वर को मिले वह सब हमें दे दिया जाए, तो मेरा भान्जा इस बारात का दूल्हा बन जाएगा। यह बात वर के पिता ने स्वीकार कर लेने पर उसने अपना भान्जा वर बनने को भेज दिया और उसके साथ सब विवाह कार्य रात्रि में विधिपूर्वक सम्पन्न हो गया।

पत्नी के साथ वह भोजन न कर सका और अपने मन में सोचने लगा कि न जाने यह किसी स्त्री होगी। वह एकान्त में इसी सोच में गरम निःश्वास छोड़ने लगा तथा उसकी आंखों में आंसू भी आ गए। तब वधू ने पूछा कि क्या बात है?

आप इतने उदासीन व दुखी क्यों हो रहे हैं? तब उसने सब बातें जो वर के पिता व उसके मामा में हुई थीं उसको बतला दी। तब कन्या कहने लगी कि यह ब्रह्म विवाह के विपरीत हो कैसे सकता है। देव, ब्राह्मण और अग्नि के सामने मैंने आपको ही अपना पति बनाया है

इसलिए आप ही मेरे पति हैं। मैं आपकी ही पत्नी रहूंगी, किसी अन्य की कदापि नहीं। तब देवीदास ने कहा - ऐसा मत करिए क्योंकि मेरी आयु बहुत थोड़ी है, मेरे पश्चात् आपकी क्या गति होगी इन बातों को अच्छी तरह विचार लो।

परन्तु वह दृढ़ विचार वाली थी, बोली कि जो आपकी गति होगी वही मेरी गति होगी। हे स्वामी! आप उठिये और भोजन करिए, आप निश्चय ही भूखे होंगे। इसके बाद देवीदास और उसकी पत्नी दोनों ने भोजन किया तथा शेष रात्रि वे सोते रहे।

प्रातःकाल देवीदास ने अपनी पत्नी को तीन नगों से जड़ी हुई एक अंगूठी दी, एक रूमाल दिया और बोला - हे प्रिये! इसे लो और संकेत समझकर स्थिर चित्त हो जाओ। मेरा मरण और जीवन जानने के लिए एक पुष्पवाटिका बना लो।

उसमें सुगन्धि वाली एक नव-मल्लिका लगा लो, उसको प्रतिदिन जल से सींचा करो और आनन्द के साथ खेलो-कूदो तथा उत्सव मनाओ, जिस समय और जिस दिन मेरा प्राणान्त होगा, ये फूल सूख जाएंगे और जब ये फिर हरे हो जाएं तो जान लेना कि मैं जीवित हूँ। यह बात निश्चय करके समझ लेना इसमें कोई संशय नहीं है। यह समझा कर वह चला गया।

प्रातःकाल होते ही वहां पर गाजे-बाजे बजने लगे और जिस समय विवाह के कार्य समाप्त करने के लिए वर तथा सब बाराती मण्डप में आए तो कन्या ने वर को भली प्रकार से देखकर अपने पिता से कहा कि यह मेरा पति नहीं है। मेरा पति वही है, जिसके साथ रात्रि में मेरा पाणिग्रहण हुआ था। इसके साथ मेरा विवाह नहीं हुआ है।

यदि यह वही है तो बताए कि मैंने इसको क्या दिया, मधुपर्क और कन्यादान के समय जो मैंने भूषणादि दिए थे उन्हें दिखाए तथा रात में मैंने क्या गुप्त बातें कही थीं, वह सब सुनाए। पिता ने उसके कथनानुसार वर को बुलवाया। कन्या की यह सब बातें सुनकर वह कहने लगा कि मैं कुछ नहीं जानता। इसके पश्चात् लज्जित होकर वह अपना सा मुंह लेकर चला गया और सारी बारात भी अपमानित होकर वहां से लौट गई।

भगवान् श्रीकृष्ण बोले - हे माता! इस प्रकार देवीदास काशी विद्याध्ययन के लिए चला गया। जब कुछ समय बीत गया तो काल से प्रेरित होकर एक सर्प रात्रि के समय उसको डसने के लिए वहां पर आया। उस विषधर के प्रभाव से उसके शयन का स्थान चारो ओर से विष की ज्वाला से विषैला हो गया। परन्तु व्रत राज के प्रभाव से उसको काटने न पाया क्योंकि पहले ही उसकी माता ने बत्तीस पूर्णिमा का व्रत कर रखा था।

इसके बाद मध्याह्न के समय स्वयं काल वहां पर आया और उसके शरीर से उसके प्राणों को निकालने का प्रयत्न करने लगा जिससे वह मूर्छित होकर पृथ्वी पर गिर पड़ा। भगवान् की कृपा से उसी समय पार्वती जी के साथ श्रीशंकर जी वहां पर आ गए। उसको मूर्छित दशा में देखकर पार्वती जी ने भगवान् शंकर से प्रार्थना की कि हे महाराज! इस बालक की माता ने पहले बत्तीस पूर्णिमा का व्रत किया था, जिसके प्रभाव से हे भगवन्! आप इसको प्राण दान दें। भवानी के कहने पर भक्त-वत्सल भगवान् श्रीशिव जी ने उसको प्राण दान दे दिया। इस व्रत के प्रभाव से काल को भी पीछे हटना पड़ा और देवीदास स्वस्थ होकर बैठ गया।

उधर उसकी स्त्री उसके काल की प्रतीक्षा किया करती थी, जब उसने देखा कि उस पुष्प वाटिका में पत्र-पुष्प कुछ भी नहीं रहे तो उसको अत्यन्त आश्चर्य हुआ और जब वह वैसे ही हरी-भरी हो गई तो वह जान गई कि वह जीवित हो गये हैं। यह देखकर वह बहुत प्रसन्न मन से अपने पिता के कहने लगी कि पिता जी! मेरे पति जीवित हैं, आप उनको ढूंढ़िये। जब सोलहवां वर्ष व्यतीत हो गया तो देवीदास भी अपने मामा के साथ काशी से चल दिया।

इधर उसे श्वसुर उसको ढूंढने के लिए अपने घर से जाने वाले ही थे कि वह दोनों मामा-भान्जा वहां पर आ गये, उसको आया देखकर उसका श्वसुर बड़ी प्रसन्नता के साथ अपने घर में ले आया। उस समय नगर के निवासी भी वहां इकट्ठे हो गए और सबने निश्चय किया कि अवश्य ही इसी बालक के साथ इस कन्या का विवाह हुआ था। उस बालक को जब कन्या ने देखा तो पहचान लिया और कहा कि यह तो वही है, जो संकेत करके गया था। तदुपरान्त सभी कहने लगे कि भला हुआ जो यह आ गया और सब नगरवासियों ने आनन्द मनाया।

कुछ दिन बाद देवीदास अपनी पत्नी और मामा के साथ अपने श्वसुर के घर से बहुत सा उपहारादि लेकर अपने घर के लिए प्रस्थान किया। जब वह अपने गांव के निकट आ गया तो कई लोगों ने उसको देखकर उसके माता-पिता को पहले ही जाकर खबर दे दी कि तुम्हारा पुत्र देवीदास अपनी पत्नी और मामा के सहित आ रहा है।

ऐसा समाचार सुनकर पहले तो उन्हें विश्वास ही नहीं हुआ किन्तु जब और लोगों ने भी आकर उनकी बात का समर्थन किया तो उनको बड़ा आश्चर्य हुआ लेकिन थोड़ी देर में देवीदास ने आकर अपने माता-पिता के चरणों में अपना सिर रखकर प्रणाम किया और उसकी पत्नी ने अपने सास-श्वसुर के चरणों को स्पर्श किया तो माता-पिता ने अपने पुत्र और पुत्रवधु को अपने हृदय से लगा लिया और दोनों की आंखों में प्रेमाश्रु बह चले। अपने पुत्र और पुत्रवधु के आने की खुशी में धनेश्वर ने बड़ा भारी उत्सव किया और ब्राह्मणों को भी बहुत सी दान-दक्षिणा देकर प्रसन्न किया।

श्रीकृष्ण जी कहने लगे कि इस प्रकार धनेश्वर बत्तीस पूर्णिमाओं के व्रत के प्रभाव से पुत्रवान हो गया। जो भी स्त्रियां इस व्रत को करती हैं, वे जन्म-जन्मान्तर में वैधव्य का दुख नहीं भोगतीं और सदैव सौभाग्यवती रहती हैं, यह मेरा वचन है, इसमें कोई सन्देह नहीं मानना। यह व्रत पुत्र-पौत्रों को देने वाला तथा सम्पूर्ण मनोकामनाओं को पूर्ण करने वाला है। बत्तीस पूर्णिमाओं के व्रत करने से व्रती की सब इच्छाएं भगवान् शिव जी की कृपा से पूर्ण हो जाती हैं।

सभी प्रेम से बोलो शिव शंकर भोले नाथ की जय।

# 35

# श्री वैभव लक्ष्मी व्रत कथा

- श्री वैभव लक्ष्मी व्रत कथा

सुख, शांति, वैभव और लक्ष्मी प्राप्ति के लिए अद्भुत चमत्कारी प्राचीन व्रत वैभव लक्ष्मी व्रत करने का नियम

1. यह व्रत सौभाग्यशाली स्त्रियां करें तो उनका अति उत्तम फल मिलता है, पर घर में यदि सौभाग्यशाली स्त्रियां न हों तो कोई भी स्त्री एवं कुमारिका भी यह व्रत कर सकती है।

2. स्त्री के बदले पुरुष भी यह व्रत करें तो उसे भी उत्तम फल अवश्य मिलता है।

3. यह व्रत पूरी श्रद्धा और पवित्र भाव से करना चाहिए। खिन्न होकर या बिना भाव से यह व्रत नहीं करना चाहिए।

4. यह व्रत शुक्रवार को किया जाता है। व्रत शुरु करते वक्त 11 या 21 शुक्रवार की मन्नत रखनी पड़ती है और बताई गई शास्त्रीय विधि अनुसार ही व्रत करना चाहिए। मन्नत के शुक्रवार पूरे होने पर विधिपूर्वक और बताई गई शास्त्रीय रीति के अनुसार उद्यापन करना चाहिए। यह विधि सरल है। किन्तु शास्त्रीय विधि अनुसार व्रत न करने पर व्रत का जरा भी फल नहीं मिलता है।

5. एक बार व्रत पूरा करने के पश्चात फिर मन्नत कर सकते हैं और फिर से व्रत कर सकते हैं।

6. माता लक्ष्मी देवी के अनेक स्वरूप हैं। उनमें उनका 'धनलक्ष्मी' स्वरूप ही 'वैभवलक्ष्मी' है और माता लक्ष्मी को श्रीयंत्र अति प्रिय है। व्रत करते समय माता लक्ष्मी के विविध स्वरूप यथा श्रीगजलक्ष्मी, श्री अधिलक्ष्मी, श्री विजयलक्ष्मी, श्री ऐश्वर्यलक्ष्मी, श्री वीरलक्ष्मी, श्री धान्यलक्ष्मी एवं श्री संतानलक्ष्मी तथा श्रीयंत्र को प्रणाम करना चाहिए।

7. व्रत के दिन सुबह से ही 'जय माँ लक्ष्मी', 'जय माँ लक्ष्मी' का रटन मन ही मन करना चाहिए और माँ का पूरे भाव से स्मरण करना चाहिए।

8. शुक्रवार के दिन यदि आप प्रवास या यात्रा पर गये हों तो वह शुक्रवार छोड़कर उनके बाद के शुक्रवार को व्रत करना चाहिए अर्थात् व्रत अपने ही घर में करना चाहिए। कुल मिलाकर जितने शुक्रवार की मन्नत ली हो, उतने शुक्रवार पूरे करने चाहिए।

9. घर में सोना न हो तो चाँदी की चीज पूजा में रखनी चाहिए। अगर वह भी न हो तो रोकड़ रुपया रखना चाहिए।

10. व्रत पूरा होने पर कम से कम सात स्त्रियों को या आपकी इच्छा अनुसार जैसे 11, 21, 51 या 101 स्त्रियों को वैभवलक्ष्मी व्रत की पुस्तक कुमकुम का तिलक करके भेंट के रूप में देनी चाहिए। जितनी ज्यादा पुस्तक आप देंगे उतनी माँ लक्ष्मी की ज्यादा कृपा होगी और माँ लक्ष्मी जी के इस अद्भुत व्रत का ज्यादा प्रचार होगा।

11. व्रत के शुक्रवार को स्त्री रजस्वला हो या सूतकी हो तो वह शुक्रवार छोड़ देना चाहिए और बाद के शुक्रवार से व्रत शुरु करना चाहिए। पर जितने शुक्रवार की मन्नत मानी हो, उतने शुक्रवार पूरे करने चाहिए।

12. व्रत की विधि शुरु करते वक्त 'लक्ष्मी स्तवन' का एक बार पाठ करना चाहिए। लक्ष्मी स्तवन इस प्रकार है-

या रक्ताम्बुजवासिनी विलसिनी चण्डांशु तेजस्विनीं।

या रक्ता रुधिराम्बरा हरिसखी या श्री मनोल्हादिनी।।

या रत्नाकरमन्थनात्प्रगटितां विष्णोस्वया गेहिनी।

सा मां पातु मनोरमा भगवती लक्ष्मीश्च पद्मावती।।

अर्थात् - जो लाल कमल में रहती है, जो अपूर्व कांतिवाली हैं, जो असह्य तेजवाली हैं, जो पूर्णरूप से लाल हैं, जिसने रक्तरूप वस्त्र पहने हैं, जे भगवान विष्णु को अतिप्रिय हैं, जो लक्ष्मी मन को आनन्द देती हैं, जो समुद्रमंथन से प्रकट हुई है, जो विष्णु भगवान की पत्नी हैं, जो कमल से जन्मी हैं और जो अतिशय पूज्य है, वैसी हे लक्ष्मी देवी! आप मेरी रक्षा करें।

13. व्रत के दिन हो सके तो उपवास करना चाहिए और शाम को व्रत की विधि करके माँ का प्रसाद लेकर व्रत करना चाहिए।

अगर न हो सके तो फलाहार या एक बार भोजन कर के शुक्रवार का व्रत रखना चाहिए। अगर व्रतधारी का शरीर बहुत कमजोर हो तो ही दो बार भोजन ले सकते हैं। सबसे महत्व की बात यही है कि व्रतधारी माँ लक्ष्मी जी पर पूरी-पूरी श्रद्धा और भावना रखे और 'मेरी मनोकामना माँ पूरी करेंगी ही', ऐसा दृढ़ विश्वास रखकर व्रत करे।

**********************************************


- वैभवलक्ष्मी व्रत की कथा


एक बड़ा शहर था। इस शहर में लाखों लोग रहते थे। पहले के जमाने के लोग साथ-साथ रहते थे और एक दूसरे के काम आते थे। पर नये जमाने के लोगों का स्वरूप ही अलग सा है। सब अपने अपने काम में रत रहते हैं। किसी को किसी की परवाह नहीं। घर के सदस्यों को

भी एक-दूसरे की परवाह नहीं होती।

भजन-कीर्तन, भक्ति-भाव, दया-माया, परोपकार जैसे संस्कार कम हो गये हैं। शहर में बुराइयाँ बढ़ गई थी। शराब, जुआ, रेस, व्यभिचार, चोरी-डकैती आदि बहुत से अपराध शहर में होते थे। कहावत है कि 'हजारों निराशा में एक अमर आशा छिपी हुई है' इसी तरह इतनी सारी बुराइयों के बावजूद शहर में कुछ अच्छे लोग भी रहते थे। ऐसे अच्छे लोगों में शीला और उनके पति की गृहस्थी मानी जाती थी। शीला धार्मिक प्रकृति की और संतोषी थी।

उनका पति भी विवेकी और सुशील था। शीला और उनका पति ईमानदारी से जीते थे। वे किसी की बुराई न करते थे और प्रभु भजन में अच्छी तरह समय व्यतीत कर रहे थे। उनकी गृहस्थी आदर्श गृहस्थी थी और शहर के लोग उनकी गृहस्थी की सराहना करते थे। शीला की गृहस्थी इसी तरह खुशी-खुशी चल रही थी।

पर कहा जाता है कि 'कर्म की गति अकल है', विधाता के लिखे लेख कोई नहीं समझ सकता है। इन्सान का नसीब पल भर में राजा को रंक बना देता है और रंक को राजा। शीला के पति के अगले जन्म के कर्म भोगने बाकी रह गये होंगे कि वह बुरे लोगों से दोस्ती कर बैठा। वह जल्द से जल्द करोड़पति होने के ख्वाब देखने लगा। इसलिए वह गलत रास्ते पर चल निकला और करोड़पति के बजाय रोड़पति बन गया। याने रास्ते पर भटकते भिखारी जैसी उसकी स्थिति हो गयी थी। शहर में शराब, जुआ, रेस, चरस-गांजा आदि बदियां फैली हुई थीं। उसमें शीला का पति भी फँस गया।

दोस्तों के साथ उसे भी शराब की आदत हो गई। जल्द से जल्द पैसे वाला बनने की लालच में दोस्तों के साथ रेस जुआ भी खेलने लगा। इस तरह बचाई हुई धनराशि, पत्नी के गहने, सब कुछ रेस-जुए में गँवा दिया था।

समय के परिवर्तन के साथ घर में दरिद्रत और भूखमरी फैल गई। सुख से खाने के बजाय दो वक्त के भोजन के लाले पड़ गये और शीला को पति की गालियाँ खाने का वक्त आ गया था। शीला सुशील और संस्कारी स्त्री थी।

उसको पति के बर्ताव से बहुत दुख हुआ। किन्तु वह भगवान पर भरोसा करके बड़ा दिल रख कर दुख सहने लगी। कहा जाता है कि 'सुख के पीछे दुख और दुख के पीछे सुख आता ही है।

इसलिए दुख के बाद सुख आयेगा ही, ऐसी श्रद्धा के साथ शीला प्रभु भक्ति में लीन रहने लगी। इस तरह शीला असह्य दुख सहते-सहते प्रभुभक्ति में वक्त बिताने लगी। अचानक एक दिन दोपहर में उनके द्वार पर किसी ने दस्तक दी।

शीला सोच में पड़ गयी कि मुझ जैसे गरीब के घर इस वक्त कौन आया होगा? फिर भी द्वार पर आये हुए अतिथि का आदर करना चाहिए, ऐसे आर्य धर्म के संस्कार वाली शीला ने खड़े होकर द्वार खोला। देखा तो एक माँ जी खड़ी थी। वे बड़ी उम्र की लगती थीं। किन्तु उनके चेहरे पर अलौकिक तेज निखर रहा था। उनकी आँखों में से मानो अमृत बह रहा था।

उनका भव्य चेहरा करुणा और प्यार से छलकता था। उनको देखते ही शीला के मन में अपार शांति छा गई। वैसे शीला इस माँ जी को पहचानती न थी, फिर भी उनको देखकर शीला के रोम-रोम में आनन्द छा गया। शीला माँ जी को आदर के साथ घर में ले आयी। घर में बिठाने के लिए कुछ भी नहीं था। अतः शीला ने सकुचा कर एक फटी हुई चादर पर उनको बिठाया। माँ जी ने कहा: 'क्यों शीला! मुझे पहचाना नहीं?' शीला ने सकुचा कर कहा: 'माँ! आपको देखते ही बहुत खुशी हो रही है। बहुत शांति हो रही है।

ऐसा लगता है कि मैं बहुत दिनों से जिसे ढूढ़ रही थी वे आप ही हैं, पर मैं आपको पहचान नहीं सकती।' माँ जी ने हँसकर कहा: 'क्यों? भूल गई? हर शुक्रवार को लक्ष्मी जी के मंदिर में भजन-कीर्तन होते हैं, तब मैं भी वहाँ आती हूँ।

वहाँ हर शुक्रवार को हम मिलते हैं।' पति गलत रास्ते पर चढ़ गया, तब से शीला बहुत दुखी हो गई थी और दुख की मारी वह लक्ष्मीजी के मंदिर में भी नहीं जाती थी। बाहर के लोगों के साथ नजर मिलाते भी उसे शर्म लगती थी। उसने याददाश्त पर जोर दिया पर वह माँ जी याद नहीं आ रही थीं।

तभी माँ जी ने कहा: 'तू लक्ष्मी जी के मंदिर में कितने मधुर भजन गाती थी। अभी-अभी तू दिखाई नहीं देती थी, इसलिए मुझे हुआ कि तू क्यों नहीं आती है? कहीं बीमार तो नहीं हो गई है न? ऐसा सोचकर मैं तुझसे मिलने चली आई हूँ।' माँ जी के अति प्रेम भरे शब्दों से शीला का हृदय पिघल गया। उसकी आँखों में आँसू आ गये। माँ जी के सामने वह बिलख-बिलख कर रोने लगी।

यह देख कर माँ जी शीला के नजदीक आयीं और उसकी सिसकती पीठ पर प्यार भरा हाथ फेर कर सांत्वना देने लगीं। माँ जी ने कहा: 'बेटी! सुख और दुख तो धूप छांव जैसे होते हैं। धैर्य रखो बेटी! और तुझे परेशानी क्या है? तेरे दुख की बात मुझे सुना। तेरा मन हलका हो जायेगा और तेरे दुख का कोई उपाय भी मिल जायेगा।' माँ जी की बात सुनकर शीला के मन को शांति मिली। उसने माँ जी से कहा: 'माँ! मेरी गृहस्थी में भरपूर सुख और खुशियाँ थीं, मेरे पति भी सुशील थे। अचानक हमारा भाग्य हमसे रूठ गया।

मेरे पति बुरी संगति में फँस गये और बुरी आदतों के शिकार हो गये तथा अपना सब-कुछ गवाँ बैठे हैं तथा हम रास्ते के भिखारी जैसे बन गये हैं।' यह सुन कर माँ जी ने कहा: 'ऐसा कहा जाता है कि , 'कर्म की गति न्यारी होती है', हर इंसान को अपने कर्म भुगतने ही पड़ते हैं। इसलिए तू चिंता मत कर। अब तू कर्म भुगत चुकी है। अब तुम्हारे सुख के दिन अवश्य आयेंगे। तू तो माँ लक्ष्मी जी की भक्त है।

माँ लक्ष्मी जी तो प्रेम और करुणा की अवतार हैं। वे अपने भक्तों पर हमेशा ममता रखती हैं। इसलिए तू धैर्य रख कर माँ लक्ष्मी जी का व्रत कर। इससे सब कुछ ठीक हो जायेगा। 'माँ लक्ष्मी जी का व्रत' करने की बात सुनकर शीला के चेहरे पर चमक आ गई। उसने पूछा: 'माँ! लक्ष्मी जी का व्रत कैसे किया जाता है, वह मुझे समझाइये। मैं यह व्रत अवश्य करूँगी।' माँ जी ने कहा: 'बेटी! माँ लक्ष्मी जी का व्रत बहुत सरल है। उसे 'वरदलक्ष्मी व्रत' या 'वैभवलक्ष्मी

व्रत' भी कहा जाता है।

यह व्रत करने वाले की सब मनोकामना पूर्ण होती है। वह सुख-सम्पत्ति और यश प्राप्त करता है। ऐसा कहकर माँ जी 'वैभवलक्ष्मी व्रत' की विधि कहने लगी। 'बेटी! वैभवलक्ष्मी व्रत वैसे तो सीधा-सादा व्रत है। किन्तु कई लोग यह व्रत गलत तरीके से करते हैं, अतः उसका फल नहीं मिलता। कई लोग कहते हैं कि सोने के गहने की हल्दी-कुमकुम से पूजा करो बस व्रत हो गया। पर ऐसा नहीं है। कोई भी व्रत शास्त्रीय विधि से करना चाहिए। तभी उसका फल मिलता है।

सच्ची बात यह है कि सोने के गहनों का विधि से पूजन करना चाहिए। व्रत की उद्यापन विधि भी शास्त्रीय विधि से करना चाहिए। यह व्रत शुक्रवार को करना चाहिए। प्रातःकाल स्नान करके स्वच्छ कपड़े पहनो और सारा दिन 'जय माँ लक्ष्मी' कारटन करते रहो। किसी की चुगली नहीं करनी चाहिए। शाम को पूर्व दिशा में मुँह करके आसन पर बैठ जाओ।

सामने पाटा रखकर उस पर रुमाल रखो। रुमाल पर चावल का छोटा सा ढेर करो। उस ढे पर पानी से भरा तांबे का कलश रख कर, कलश पर एक कटोरी रखो। उस कटोरी में एक सोने का गहना रखो। सोने का न हो तो चांदी का भी चलेगा। चांदी का न हो तो नकद रुपया भी चलेगा। बाद में घी का दीपक जला कर अगरबत्ती सुलगा कर रखो। माँ लक्ष्मी जी के बहुत स्वरूप हैं।

और माँ लक्ष्मी जी को 'श्रीयंत्र' अति प्रिय है। अतः 'वैभवलक्ष्मी' में पूजन विधि करते वक्त सर्वप्रथम 'श्रीयंत्र' और लक्ष्मी जी के विधि स्वरूपों का सच्चे दिल से दर्शन करो। उसके बाद 'लक्ष्मी स्तवन' का पाठ करो। बाद में कटोरी में रखे हुए गहने या रुपये को हल्दी-कुमकुम और चावल चढ़ाकर पूजा करो और लाल रंग का फूल चढ़ाओ। शाम को कोई मीठी चीज बना कर उसका प्रसाद रखो।

न हो सके तो शक्कर या गुड़ भी चल सकता है। फिर आरती करके ग्यारह बार सच्चे हृदय से 'जय माँ लक्ष्मी' बोलो। बाद में ग्यारह या इक्कीस शुक्रवार यह व्रत करने का दृढ़ संकल्प माँ के सामने करो और आपकी जो मनोकामना हो वह पूरी करने को माँ लक्ष्मी जी से विनती करो। फिर माँ का प्रसाद बाँट दो।

और थोड़ा प्रसाद अपने लिए रख लो। अगर आप में शक्ति हो तो सारा दिन उपवास रखो और सिर्फ प्रसाद खा कर शुक्रवार का व्रत करो। न शक्ति हो तो एक बार शाम को प्रसाद ग्रहण करते समय खाना खा लो। अगर थोड़ी शक्ति भी न हो तो दो बार भोजन कर सकते हैं।

बाद में कटोरी में रखा गहना या रुपया ले लो। कलश का पानी तुलसी की क्यारी में डाल दो और चावल पक्षियों को डाल दो। इसी तरह शास्त्रीय विधि से व्रत करने से उसका फल अवश्य मिलता है। इस व्रत के प्रभाव से सब प्रकार की विपत्ति दूर हो कर आदमी मालामाल हो जाता हैं संतान न हो तो संतान प्राप्ति होती है। सौभाग्यवती स्त्री का सौभाग्य अखण्ड रहता है। कुमारी लड़की को मनभावन पति मिलता है।

शीला यह सुनकर आनन्दित हो गई। फिर पूछा: 'माँ! आपने वैभवलक्ष्मी व्रत की जो शास्त्रीय विधि बताई है, वैसे मैं अवश्य करूंगी।

किन्तु उसकी उद्यापन विधि किस तरह करनी चाहिए? यह भी कृपा करके सुनाइये।' माँ जी ने कहा: 'गरह या इक्कीस जो मन्नत मानी हो उतने शुक्रवार यह वैभवलक्ष्मी व्रत पूरी श्रद्धा और भावना से करना चाहिए। व्रत के आखिरी शुक्रवार को खीर का नैवेद्य रखो।

पूजन विधि हर शुक्रवार को करते हैं वैसे ही करनी चाहिए। पूजन विधि के बाद श्रीफल फोड़ो और कम से कम सात कुंवारी या सौभाग्यशाली स्त्रियों को कुमकुम का तिलक करके 'वैभवलक्ष्मी व्रत' की एक-एक पुस्तक उपहार में देनी चाहिए और सब को खीर का प्रसाद देना चाहिए।

फिर धनलक्ष्मी स्वरूप, वैभवलक्ष्मी स्वरूप, माँ लक्ष्मी जी की छवि को प्रणाम करें। माँ लक्ष्मी जी का यह स्वरूप वैभव देने वाला है। प्रणाम करके मन ही मन भावुकता से माँ की प्रार्थना करते वक्त कहें कि , 'हे माँ धनलक्ष्मी! हे माँ वैभवलक्ष्मी! मैंने सच्चे हृदय से आपका व्रत पूर्ण किया है।

तो हे माँ! हमारी मनोकामना पूर्ण कीजिए। हमारा सबका कल्याण कीजिए। जिसे संतान न हो उसे संतान देना। सौभाग्यशाली स्त्री का सौभाग्य अखण्ड रखना। कुंवारी लड़की को मनभावन पति देना। आपका यह चमत्कारी वैभवलक्ष्मी व्रत जो करे उसकी सब विपत्ति दूर करना। सब को सुखी करना। हे माँ! आपकी महिमा अपरम्पार है।' माँ जी के पास से वैभवलक्ष्मी व्रत की शास्त्रीय विधि सुनकर शीला भावविभोर हो उठी। उसे लगा मानो सुख का रास्ता मिल गया।

उसने आँखें बंद करके मन ही मन उसी क्षण संकल्प लिया कि, 'हे वैभवलक्ष्मी माँ! मैं भी माँ जी के कहे अनुसार श्रद्धापूर्वक शास्त्रीय विधि से वैभवलक्ष्मी व्रत इक्कीस शुक्रवार तक करूँगी और व्रत की शास्त्रीय रीति के अनुसार उद्यापन भी करूँगी।

शीला ने संकल्प करके आँखें खोली तो सामने कोई न था। वह विस्मित हो गई कि माँ जी कहां गयी? यह माँ जी कोई दूसरा नहीं साक्षात लक्ष्मी जी ही थीं।

शीला लक्ष्मी जी की भक्त थी इसलिए अपने भक्त को रास्ता दिखाने के लिए माँ लक्ष्मी देवी माँ जी का स्वरूप धारण करके शीला के पास आई थीं। दूसरे दिन शुक्रवार था। प्रातःकाल स्नान करके स्वच्छ कपड़े पहन कर शीला मन ही मन श्रद्धा और पूरे भाव से 'जय माँ लक्ष्मी' का मन ही मन रटन करने लगी। सारा दिन किसी की चुगली नहीं की।

शाम हुई तब हाथ-पांव-मुंह धो कर शीला पूर्व दिशा में मुंह करके बैठी। घर में पहले तो सोने के बहुत से गहने थे पर पति ने गलत रास्ते पर चलकर सब गिरवी रख दिये। पर नाक की कील (पुल्ली) बच गई थी।

नाक की कील निकाल कर, उसे धोकर शीला ने कटोरी में रख दी। सामने पाटे पर रुमाल रख कर मुठ्ठी भर चावल का ढेर किया। उस पर तांबे का कलश पानी भरकर रखा। उसके ऊपर कील वाली कटोरी रखी। फिर विधिपूर्वक वंदन, स्तवन, पूजन वगैरह किया और घर में

थोड़ी शक्कर थी, वह प्रसाद में रख कर वैभवलक्ष्मी व्रत किया।

यह प्रसाद पहले पति को खिलाया। प्रसाद खाते ही पति के स्वभाव में फर्क पड़ गया। उस दिन उसने शीला को मारा नहीं, सताया भी नहीं। शीला को बहुत आनन्द हुआ। उसके मन में वैभवलक्ष्मी व्रत के लिए श्रद्ध बढ़ गई।

शीला ने पूर्ण श्रद्धा-भक्ति से इक्कीस शुक्रवार तक व्रत किया। इक्कीसवें शुक्रवार को विधिपूर्वक उद्यापन विधि करके सात स्त्रियों को वैभवलक्ष्मी व्रत की सात पुस्तकें उपहार में दीं। फिर माता जी के 'धनलक्ष्मी स्वरूप' की छवि को वंदन करके भाव से मन ही मन प्रार्थना करने लगी: 'हे माँ धनलक्ष्मी! मैंने आपका वैभवलक्ष्मी व्रत करने की मन्नत मानी थी वह व्रत आज पूर्ण किया है।

हे माँ! मेरी हर विपत्ति दूर करो। हमारा सबका कल्याण करो। जिसे संतान न हो, उसे संतान देना। सौभाग्यवती स्त्री का सौभाग्य अखण्ड रखना। कुंवारी लड़की को मनभावन पति देना।

जो कोई आपका यह चमत्कारी वैभवलक्ष्मी व्रत करे, उसकी सब विपत्ति दूर करना। सब को सुखी करना। हे माँ! आपकी महिमा अपार है।' ऐसा बोलकर लक्ष्मीजी के धनलक्ष्मी स्वरूप की छवि को प्रणाम किया। इस तरह शास्त्रीय विधि से शीला ने श्रद्धा से व्रत किया और तुरन्त ही उसे फल मिला।

उसका पति सही रास्ते पर चलने लगा और अच्छा आदमी बन गया तथा कड़ी मेहनत से व्यवसाय करने लगा। धीरे धीरे समय परिवर्तित हुआ और उसने शीला के गिरवी रखे गहने छुड़ा लिए। घर में धन की बाढ़ सी आ गई। घर में पहले जैसी सुख-शांति छा गई।

वैभवलक्ष्मी व्रत का प्रभाव देखकर मोहल्ले की दूसरी स्त्रियाँ भी शास्त्रीय विधि से वैभवलक्ष्मी का व्रत करने लगीं। हे माँ धनलक्ष्मी! आप जैसे शीला पर प्रसन्न हुईं, उसी तरह आपका व्रत करने वाले सब पर प्रसन्न होना। सबको सुख-शांति देना। जय धनलक्ष्मी माँ! जय वैभवलक्ष्मी माँ!